Okusi Španije 2023

Otkrijte jedinstvene okuse Španije uz jednostavne korake i savjete iskusnog kuhara

Luis Tapasovski

SADRŽAJ

LENCE A LA LIONESA 25
    SASTOJCI 25
    OBRADA 25
    TRICK 25

KARI LEĆA SA JABUKOM 27
    SASTOJCI 27
    OBRADA 27
    TRICK 28

POCHAS NAVARRA 29
    SASTOJCI 29
    OBRADA 29
    TRICK 30

ZAPAD 31
    SASTOJCI 31
    OBRADA 31
    TRICK 32

BABMUSAKA SA GLJVAMA 33
    SASTOJCI 33
    OBRADA 33
    TRICK 34

VIGILIA POTATO 35
    SASTOJCI 35
    OBRADA 35

TRICK 36
POČAD SA PROFESIONALNIM PATKAMA 37
    SASTOJCI 37
    OBRADA 37
    TRICK 38
BISQUE LOBSTER 40
    SASTOJCI 40
    OBRADA 40
    TRICK 41
POVRĆE U NALJEPNICI 42
    SASTOJCI 42
    OBRADA 42
    TRICK 43
DOMAĆA MANDEN LICENCA 44
    SASTOJCI 44
    OBRADA 44
    TRICK 44
TORTA S ČARAPAMA I LOSOM 45
    SASTOJCI 45
    OBRADA 45
    TRICK 45
ARTIČOKA SA GLJIVAMA I PARMEZANOM 46
    SASTOJCI 46
    OBRADA 46
    TRICK 47
Marinirani patlidžan 48

SASTOJCI	48
OBRADA	48
TRICK	48
PRŽENI GRAH SA SERRANO ŠUNOM	**50**
SASTOJCI	50
OBRADA	50
TRICK	50
TRINXAT	**51**
SASTOJCI	51
OBRADA	51
TRICK	51
BROKULA GRATINOVANA SA SLANINOM I AUROROM	**52**
SASTOJCI	52
OBRADA	52
TRICK	52
BOGAN SA RAKOVIMA I ŠKOLJKAMA U ZELENOJ MOČVARI	**53**
SASTOJCI	53
OBRADA	53
TRICK	54
KARAMELIZOVANI LUK	**55**
SASTOJCI	55
OBRADA	55
TRICK	55
PUNJENE GLJIVE SERRANO ŠUNKOM I PESTO SOSU	**56**
SASTOJCI	56
OBRADA	56

TRICK 56
CAULIRO SA AJOARRIEROM 57
    SASTOJCI 57
    OBRADA 57
    TRICK 57
PEČENI CARFIOL 58
    SASTOJCI 58
    OBRADA 58
    TRICK 58
DUXELLE 59
    SASTOJCI 59
    OBRADA 59
    TRICK 59
SA DIMLJENIM LOSOM I KABRALOM 60
    SASTOJCI 60
    OBRADA 60
    TRICK 60
SEGOVIAN OD LOMBARDA 61
    SASTOJCI 61
    OBRADA 61
    TRICK 61
SALATA OD PEČENOG PAPRIKA 63
    SASTOJCI 63
    OBRADA 63
    TRICK 64
FRANCUSKI GRAŠAK 65

SASTOJCI 65

OBRADA 65

TRICK 65

REKREIRANI ŠPANAT 66

SASTOJCI 66

OBRADA 66

TRICK 67

BEBABAS SA BIJELOM BUTIFAROM 68

SASTOJCI 68

OBRADA 68

TRICK 68

ZELENI PASULJ SA ŠUNKOM 69

SASTOJCI 69

OBRADA 69

TRICK 69

JAMB paprikaš 70

SASTOJCI 70

OBRADA 70

TRICK 71

SLATKI PATLIDŽAN sa kozjim sirom, medom i karijem 72

SASTOJCI 72

OBRADA 72

TRICK 72

TORTA OD BIJELE ŠPAROGE I DIMLJENOG LOSOSA 73

SASTOJCI 73

OBRADA 73

TRICK 73
PIQUILLO PAPIR PUNJENA MORCILOM SA SLATKIM PJENASTIM UMAKOM 74
    SASTOJCI 74
    OBRADA 74
    TRICK 74
VRŠK SA BADEMIMA 75
    SASTOJCI 75
    OBRADA 75
    TRICK 76
DAGGER 77
    SASTOJCI 77
    OBRADA 77
    TRICK 77
PRAILUK SA POVRĆNIM OCETOM 79
    SASTOJCI 79
    OBRADA 79
    TRICK 79
PRAZIL, SLANINA I PRESOVANA KUHINJA 80
    SASTOJCI 80
    OBRADA 80
    TRICK 81
RAJ U LA PROVENCAL 82
    SASTOJCI 82
    OBRADA 82
    TRICK 82

- PUNJENI LUK 83
  - SASTOJCI 83
  - OBRADA 83
  - TRICK 83
- GLJIVE SA KREMOM OD ORAŠKA 84
  - SASTOJCI 84
  - OBRADA 84
  - TRICK 84
- TORTA OD PARADAJZA I BOSILJAKA 85
  - SASTOJCI 85
  - OBRADA 85
  - TRICK 85
- PILEĆI KARI Gulaš od krompira 86
  - SASTOJCI 86
  - OBRADA 86
  - TRICK 87
- SWEET EGG 88
  - SASTOJCI 88
  - OBRADA 88
  - TRICK 88
- KROMPIR JE VAŽAN 89
  - SASTOJCI 89
  - OBRADA 89
  - TRICK 89
- MOLLETO SA JAJEM 91
  - SASTOJCI 91

OBRADA	91
TRICK	92
KROMPIR I BIJELI	93
SASTOJCI	93
OBRADA	93
TRICK	94
UPOTREBA OMLET COCIDO (STARA ODJEĆA)	95
SASTOJCI	95
OBRADA	95
TRICK	96
KROMPIR PUNJEN DIMOM PUNJEN LAKAKOM, SLANINOM I DIJZANIM	96
SASTOJCI	96
OBRADA	96
TRICK	97
KROKET OD KROMPIRA I SIRA	97
SASTOJCI	97
OBRADA	97
TRICK	98
GOOD FRIED FRIED	99
SASTOJCI	99
OBRADA	99
TRICK	99
FLORENTINO JAJE	100
SASTOJCI	100
OBRADA	100

TRICK	100
PEČENI KROMPIR SA MJESEČNOM RIBOOM I RAKOVIMA	**101**
SASTOJCI	101
OBRADA	101
TRICK	102
JAJE U FLAMENCO STILU	**103**
SASTOJCI	103
OBRADA	103
TRICK	103
TORTILLA PAISANA	**104**
SASTOJCI	104
OBRADA	104
TRICK	105
Kajgana sa kobasicom i senfom	106
SASTOJCI	106
OBRADA	106
TRICK	106
BILJKE KROMPIRA U MARTU	**107**
SASTOJCI	107
OBRADA	107
TRICK	108
CRUSHING BASE	**109**
SASTOJCI	109
OBRADA	109
TRICK	109
FREAKS	**111**

SASTOJCI 111

OBRADA 111

TRICK 111

Pržene pečurke 112

SASTOJCI 112

OBRADA 112

TRICK 112

JAJA NA TALDI sa inćunima i maslinama 113

SASTOJCI 113

OBRADA 113

TRICK 114

KROMPIR KREM SA SLANINOM I PARMEZANOM 114

SASTOJCI 114

OBRADA 114

TRICK 115

KUHANA JAJA 115

SASTOJCI 115

OBRADA 115

TRICK 115

NABORANI KROMPIR 116

SASTOJCI 116

OBRADA 116

TRICK 116

JAJE U PRAHU SA GLJIVAMA, RAKOVIMA I DIVLJIM PTICOM ... 117

SASTOJCI 117

OBRADA 117

TRICK 118

PRŽENI KROMPIR SA ČORIZOM I ZELENOM HALJINOM 119

    SASTOJCI 119

    OBRADA 119

    TRICK 119

POOR POTATOES 120

    SASTOJCI 120

    OBRADA 120

    TRICK 120

VELIKI VOJVODA UKRAO JAJA 121

    SASTOJCI 121

    OBRADA 121

    TRICK 121

KROMPIR sa rebrima 123

    SASTOJCI 123

    OBRADA 123

    TRICK 124

POLOŽENA JAJA 124

    SASTOJCI 124

    OBRADA 124

    TRICK 125

KROMPIR SA LEŠNJAKOM 126

    SASTOJCI 126

    OBRADA 126

    TRICK 126

MOLLET EGG 127

- SASTOJCI 127
- OBRADA 127
- TRICK 127
- KROMPIR RIOJANA STYLE 128
  - SASTOJCI 128
  - OBRADA 128
  - TRICK 128
- POTATO SUBA 130
  - SASTOJCI 130
  - OBRADA 130
  - TRICK 130
- OMLET OD RAKOVA SA BESNIM LUKOM 132
  - SASTOJCI 132
  - OBRADA 132
  - TRICK 132
- PARI KROMPIR SA RAŽNJIĆIMA 133
  - SASTOJCI 133
  - OBRADA 133
  - TRICK 133
- PIRE KROMPIR 134
  - SASTOJCI 134
  - OBRADA 134
  - TRICK 134
- OATORTILA SA MORCILOM 135
  - SASTOJCI 135
  - OBRADA 135

TRICK 135

On ga je spržio 136

    SASTOJCI 136

    OBRADA 136

    TRICK 136

PARENI KROMPIR SA NUSZKALOM 137

    SASTOJCI 137

    OBRADA 137

    TRICK 137

Porcupine OMELET 138

    SASTOJCI 138

    OBRADA 138

    TRICK 138

DELIMIČNO JAJE 139

    SASTOJCI 139

    OBRADA 139

    TRICK 139

LJETNI OMLET OD DUNJA I PARADAJZA 140

    SASTOJCI 140

    OBRADA 140

    TRICK 140

COD AJOARRIERO 141

    SASTOJCI 141

    OBRADA 141

    TRICK 141

STEAMED SHERRY POOP 142

SASTOJCI 142

OBRADA 142

TRICK 142

SVE OD I PEBRE MONDFISH SA RAKOVIMA 143

SASTOJCI 143

OBRADA 144

TRICK 144

GRATE DRAWING 145

SASTOJCI 145

OBRADA 145

TRICK 145

CLAMS MARINERA 146

SASTOJCI 146

OBRADA 146

TRICK 147

KAPITAL SA PILPILOM 148

SASTOJCI 148

OBRADA 148

TRICK 148

FONTANA PRETVORENA OD PIVA 150

SASTOJCI 150

OBRADA 150

TRICK 150

MASTILO U TISTILU 151

SASTOJCI 151

OBRADA 151

TRICK	151
COD CLUB RANERO	153
SASTOJCI	153
OBRADA	153
TRICK	154
JABAN SA NARANĐASTOM	155
SASTOJCI	155
OBRADA	155
TRICK	155
RIOJANA HAKE	157
SASTOJCI	157
OBRADA	157
TRICK	158
COKE KRASTAVAC SA SOSU OD JAGODA	159
SASTOJCI	159
OBRADA	159
TRICK	159
MORSKA PASTRVKA	160
SASTOJCI	160
OBRADA	160
TRICK	161
Šivanje u BILBAINE STILU	162
SASTOJCI	162
OBRADA	162
TRICK	162
SHRIMP SCAMPI	163

SASTOJCI	163
OBRADA	163
TRICK	163
CAPACITOR	**164**
SASTOJCI	164
OBRADA	164
TRICK	164
DOURADO COD	**166**
SASTOJCI	166
OBRADA	166
TRICK	166
BASKSKI RAK	**167**
SASTOJCI	167
OBRADA	167
TRICK	168
Sirće	**169**
SASTOJCI	169
OBRADA	169
TRICK	169
OZNAKA IGLA	**170**
SASTOJCI	170
OBRADA	170
TRICK	170
PUDER U ADOBO (BIENMESABE)	**171**
SASTOJCI	171
OBRADA	171

TRICK	172
ZAPEĆENI CITRUSI I TUNA	173
SASTOJCI	173
OBRADA	173
TRICK	174
RIVER KIŠE	175
SASTOJCI	175
OBRADA	175
TRICK	175
TUNINA SA BOSILJKOM	176
SASTOJCI	176
OBRADA	176
TRICK	176
SOLE A LA MENIER	177
SASTOJCI	177
OBRADA	177
TRICK	177
LOSOS SMEĐI SA KAVOM	178
SASTOJCI	178
OBRADA	178
TRICK	178
BILBAÍN STYLE SEASS PIQUILTOS	179
SASTOJCI	179
OBRADA	179
TRICK	179
KARBALTI U VINAIGRETU	180

SASTOJCI	180
OBRADA	180
TRICK	180
MARMITACO	181
SASTOJCI	181
OBRADA	181
TRICK	181
SOL MORSKI MJEHURIĆI	183
SASTOJCI	183
OBRADA	183
TRICK	183
STEAMED COSTUMES	184
SASTOJCI	184
OBRADA	184
TRICK	184
ZLO U GALITIJI	185
SASTOJCI	185
OBRADA	185
TRICK	185
GET BASKETBALL	187
SASTOJCI	187
OBRADA	187
TRICK	188
NOŽEVI SA ČEŠNJIM I LIMUNOM	189
SASTOJCI	189
OBRADA	189

TRICK 189
WAY WAY PUDING...190
    SASTOJCI 190
    OBRADA..190
    TRICK 191
MONDFISH SA MEKAKIM KREMOM OD ČEŠNJAKA................192
    SASTOJCI 192
    OBRADA..192
    TRICK 193
KOMPOT OD JABUKE OSLIČ U JABUČARU SA MENTOM 194
    SASTOJCI 194
    OBRADA..194
    TRICK 195
Marinirani losos 196
    SASTOJCI 196
    OBRADA..196
    TRICK 196
PIŠTAN PLAVI SIR..197
    SASTOJCI 197
    OBRADA..197
    TRICK 197
TATAKI OD TUNE OD SOJE...199
    SASTOJCI 199
    OBRADA..199
    TRICK 199
IMAJ TORTU 201

SASTOJCI 201

OBRADA 201

TRICK 201

PUNJENA PAPIRKA NA GLAVNI KOMAD 202

SASTOJCI 202

OBRADA 202

TRICK 203

TRACKS 204

SASTOJCI 204

OBRADA 204

TRICK 204

PAVIA SOLDIERS 205

SASTOJCI 205

OBRADA 205

TRICK 206

RACHELLA 207

SASTOJCI 207

OBRADA 207

TRICK 207

TROUT NAVARRA 208

SASTOJCI 208

OBRADA 208

TRICK 208

LOSOS SA KONOM AVOKADA 209

SASTOJCI 209

OBRADA 209

TRICK 209
GALICIJA Jakobove kapice 211
    SASTOJCI 211
    OBRADA... 211
    TRICK 211

LENCE A LA LIONESA

SASTOJCI

500 g sočiva

700 g crnog luka

200 g putera

1 grančica peršuna

1 grančica timijana

1 lovorov list

1 mali luk

1 šargarepa

6 karanfilića

sol

OBRADA

Na puteru na laganoj vatri popržite luk isečen na trakice. Pokrijte i kuhajte dok ne porumeni.

Dodajte sočivo, karanfilić zaboden u cijeli mali luk, nasjeckanu šargarepu i začinsko bilje. Prelijte hladnom vodom.

Oguliti i kuvati na laganoj vatri dok mahunarke ne omekšaju. Podesite sol.

TRICK

Da se ne bi zalijepili, važno je kuhati na jakoj vatri da biste prešli na srednju vatru.

KARI LEĆA SA JABUKOM

SASTOJCI

300 g sočiva

8 kašika kreme

1 kašika karija

1 zlatna jabuka

1 grančica timijana

1 grančica peršuna

1 lovorov list

2 glavice luka

1 češanj belog luka

3 karanfilića

4 kašike ulja

Posoliti biber

OBRADA

Prokuhajte sočivo u hladnoj vodi 1 sat sa 1 lukom, belim lukom, lovorovim listom, timijanom, peršunom, karanfilićem, solju i biberom.

Na posebnom ulju propržite drugi luk zajedno sa jabukom. Dodajte kari i promiješajte.

Dodajte sočivo u kalup za jabuke i kuhajte još 5 minuta. Dodajte kremu i lagano promiješajte.

TRICK

Ako vam je ostalo sočiva, možete napraviti kremu od nje i dodati škampe kuhane na pari.

POCHAS NAVARRA

SASTOJCI

400 g pasulja

1 kašika paprike

5 čena belog luka

1 italijanska zelena paprika

1 crvena paprika

1 čist poriluk

1 šargarepa

1 luk

1 veliki paradajz

Maslinovo ulje

sol

OBRADA

Dobro očistite pasulj. Sipajte vodu u šerpu sa paprikom, lukom, prazilukom, paradajzom i šargarepom. Pecite oko 35 minuta.

Izvadite povrće i nasjeckajte ga. Zatim ih vratite u gulaš.

Beli luk iseckati na sitno i propržiti na malo ulja. Maknite sa vatre i dodajte papriku. Rehome 5 je integriran u bijeli grah. Podesite sol.

TRICK

Pošto se radi o svježim mahunarkama, vrijeme kuhanja je znatno kraće.

ZAPAD

SASTOJCI

500 g sočiva

1 kašika paprike

1 velika šargarepa

1 srednji luk

1 velika paprika

2 čena belog luka

1 veliki krompir

1 šunka guza

1 kobasica

1 crni puding

Slanina

1 lovorov list

sol

OBRADA

Sitno iseckano povrće kuva se na pari dok malo ne omekša. Dodajte papriku i dodajte 1,5 litara vode (možete zamijeniti temeljac od povrća ili čak juhu). Dodajte sočivo, meso, kraj šunke i lovorov list.

Izvadite i sačuvajte čorizo i crni puding kada omekšaju da se ne pokvare. Nastavite da kuvate sočivo dok ne bude gotovo.

Dodajte krompir isečen na kockice i kuvajte još 5 minuta. Dodajte prstohvat soli.

TRICK

Za drugačiji ukus dodajte 1 štapić cimeta u sočivo tokom kuvanja.

BABMUSAKA SA GLJVAMA

SASTOJCI

250 g kuvanog crvenog pasulja

500 g domaćeg paradajz sosa

200 g šampinjona

100 g rendanog sira

½ čaše crnog vina

2 patlidžana

2 čena belog luka

1 veliki luk

½ zelene paprike

½ žute paprike

¼ crvene paprike

1 lovorov list

Mlijeko

origano

Maslinovo ulje

Posoliti biber

OBRADA

Patlidžan narežite na ploške i prelijte mlijekom posoljenim da izgubi gorčinu.

Luk, beli luk i papriku posebno nasjeckajte i popržite u tiganju. Dodajte pečurke i nastavite sa prženjem. Dodajte vino i ohladite na jakoj vatri. Dodajte paradajz sos, origano i lovorov list. Pecite 15 minuta. Maknite sa vatre i dodajte pasulj. Sezona.

U međuvremenu dobro filtrirajte kriške patlidžana, osušite ih, pa ih popržite na malo ulja sa obe strane.

Stavite mahune i patlidžan u tepsiju dok se sastojci ne iskoriste. Završite slojem patlidžana. Pospite rendanim sirom i gratinirajte.

TRICK

Ovaj recept je savršen uz sočivo ili ostatke mahunarki iz drugih preparata.

VIGILIA POTATO

SASTOJCI

1 kg slanutka

1 kg bakalara

500 g spanaća

50 g badema

3 l set

2 kašike paradajz sosa

1 kašika paprike

3 kriške prepečenog hleba

2 čena belog luka

1 zelena paprika

1 luk

1 lovorov list

Maslinovo ulje

sol

OBRADA

Ostavite slanutak da odstoji 24 sata.

Na srednje jakoj vatri propržite na kockice narezani luk, beli luk i biber. Dodajte papriku, lovorov list, paradajz sos i nalijte riblji temeljac. Kada počne da ključa, dodajte slanutak. Kada skoro omekšaju, dodajte bakalar i spanać.

U međuvremenu izmiksajte bademe sa isprženim hlebom. Promešati i dodati u varivo. Kuhajte još 5 minuta i prilagodite sol.

TRICK

Slanutak se mora staviti u lonac sa kipućom vodom, inače će biti tvrd i lako će izgubiti kožicu.

POČAD SA PROFESIONALNIM PATKAMA

SASTOJCI

400 g pasulja

500 g lisičarki

½ čaše bijelog vina

4 čena belog luka

1 mala zelena paprika

1 mali paradajz

1 luk

1 praziluk

1 Cayenne

nasjeckanog svježeg peršuna

Maslinovo ulje

OBRADA

U šerpu stavite pasulj, biber, pola luka, očišćeni praziluk, 1 režanj belog luka i paradajz. Prelijte hladnom vodom i kuvajte oko 35 minuta dok povrće ne omekša.

Drugu polovinu crnog luka, kajensku papriku i ostatak veoma sitno isečenih čena belog luka propržite posebno na jakoj vatri. Dodati školjke i deglazirati vinom.

U bijeli grah dodajte školjke sa sosom, dodajte peršun i kuhajte još 2 minute. Podesite sol.

TRICK

Potopite školjke u hladnu, posoljenu vodu na 2 sata da olabave svu zemlju.

BISQUE LOBSTER

SASTOJCI

1 ½ kg jastoga

250 g paradajza

200 g praziluka

150 g putera

100 g šargarepe

100 g crnog luka

75 g pirinča

1 ½ lribljeg soka

¼ l kreme

1 dcl rakije

1 dcl vina

1 grančica timijana

2 lovorova lista

Posoliti biber

OBRADA

Jastoga narezati na komade i pržiti do crvene boje na 50 g putera. Zapalite rakijom i prelijte vinom. Pokrijte i kuhajte 15 minuta.

Rezervišite meso jastoga. Izgnječite njihove leševe rakijom, kuhanim vinom i tamjanom. Prođite kroz Kineze i nabavite zalihe.

Isjeckano povrće (prema tvrdoći) propržiti sa preostalim puterom. Na samom kraju dodajte paradajz. Navlažite ga rezervisanim temeljcem, dodajte začinsko bilje i pirinač. Pecite 45 minuta. Promiješajte i filtrirajte. Dodajte vrhnje i kuvajte još 5 minuta.

Poslužite koru sa seckanim jastogom.

TRICK

Zapaliti znači zapaliti alkoholno piće tako da alkohol nestane, ali okus ne. Važno je to učiniti s isključenim ventilatorom.

POVRĆE U NALJEPNICI

SASTOJCI

150 g Serrano šunke narezane na kockice

150 g mahune

150 g karfiola

150 g graška

150 g pasulja

2 kašike brašna

3 artičoke

2 tvrdo kuvana jaja

2 šargarepe

1 luk

1 češanj belog luka

1 limun

Maslinovo ulje

sol

OBRADA

Očistite artičoke, odbacite vanjske listove i krajeve. Prokuhajte vodu sa 1 kašikom brašna i limunovim sokom dok ne omekša. Ažuriranje i rezervacija.

Ogulite i narežite šargarepu na srednje komade. Uklonite vezice i krajeve pasulja i isecite ga na 3 dela. Ruže beremo od karfiola. Prokuhajte vodu i kuvajte svako povrće posebno dok ne omekša. Ažuriranje i rezervacija.

Prepolovite supu od povrća (osim supe od artičoka).

Crni i beli luk iseckati na sitne kockice. Krčkajte 10 minuta sa Serrano šunkom isečenom na kockice. Dodajte još jednu kašiku brašna i pržite još 2 minuta. Dodati 150 ml povrtnog temeljca. Izvadite i kuhajte 5 minuta. Dodajte povrće i tvrdo kuvana jaja narezana na četvrtine. Kuvajte 2 minuta, a zatim posolite.

TRICK

Povrće se mora kuvati posebno jer vreme kuvanja nije isto.

DOMAĆA MANDEN LICENCA

SASTOJCI

1 ¼ kg blitve

750 g krompira

3 čena belog luka

2 dl maslinovog ulja

sol

OBRADA

Operite blitvu i narežite listove na krupnije komade. Ogulite listove i narežite ih na kolutove. Listove i stabljike kuhajte u kipućoj slanoj vodi 5 minuta. Osvježite, očistite i rezervirajte.

U istoj vodi kuvajte oguljeni i cachelada krompir 20 minuta. Ocijedite i spremite.

Na ulju propržiti oguljeni i filovani beli luk. Dodajte pencu, listove i krompir i pržite 2 minuta. Podesite sol.

TRICK

Penca se može puniti šunkom i sirom. Zatim ga istrljamo i pečemo.

TORTA S ČARAPAMA I LOSOM

SASTOJCI

400 g tikvica

200 g svježeg lososa (bez kosti)

750 ml kreme

6 jaja

1 luk

Maslinovo ulje

Posoliti biber

OBRADA

Luk narežite na sitno i propržite na malo ulja. Tikvice narežite na sitne kockice i dodajte luku. Krčkajte na srednjoj vatri 10 minuta.

Mešajte i dodajte ½ l pavlake i 4 jaja dok se ne dobije fino testo.

Staviti u pojedinačne kalupe, prethodno premazane puterom i posute brašnom, i peći u vodenom kupatilu na 170 ºC cca. Pecite 10 minuta.

Istovremeno na malo ulja propržite losos narezan na kockice. Začinite i izmiksajte sa preostalom pavlakom i 2 jaja. Stavite ga na tortu od tikvica. Nastavite sa pečenjem još 20 minuta ili dok se ne stegne.

TRICK

Poslužite toplo sa mljevenim majonezom i nekoliko grančica pečenog šafrana.

ARTIČOKA SA GLJIVAMA I PARMEZANOM

SASTOJCI

1 ½ kg artičoka

200 g šampinjona

50 g parmezana

1 čaša bijelog vina

3 velika paradajza

1 mladi luk

1 limun

Maslinovo ulje

Posoliti biber

OBRADA

Ogulite artičoku, uklonite peteljku, čvrste vanjske listove i kraj. Narežite ih na četvrtine i natrljajte limunom da spriječite oksidaciju. Rezervišite ga.

Polako pržite nasjeckani luk. Pojačajte vatru i dodajte očišćene i narezane šampinjone. Pecite 3 minute. Prelijte vinom, pa dodajte rendani paradajz i artičoke. Pokrijte i kuhajte 10 minuta ili dok artičoke ne omekšaju i umak se ne zgusne.

Tanjir, sos i pospite parmezanom.

TRICK

Drugi način da spriječite oksidaciju artičoka je da ih potopite u hladnu vodu s puno svježeg peršuna.

Marinirani patlidžan

SASTOJCI

2 velika patlidžana

3 kašike limunovog soka

3 kašike nasjeckanog svježeg peršuna

2 supene kašike mlevenog belog luka

1 kašika mlevenog kima

1 kašika cimeta

1 kašika ljute paprike

Maslinovo ulje

sol

OBRADA

Patlidžan narežite na kriške po dužini. Pospite solju i ostavite da odstoji na kuhinjskom papiru 30 minuta. Isperite sa dosta vode i ostavite sa strane.

Prelijte kriške patlidžana uljem i solju i pecite 25 minuta na 175 stepeni.

Pomiješajte ostale sastojke u činiji. U smjesu dodajte patlidžan i promiješajte. Pokrijte i ostavite u frižideru 2 sata.

TRICK

Da bi patlidžan izgubio gorčinu, možete ga potopiti u mlijeko sa malo soli 20 minuta.

PRŽENI GRAH SA SERRANO ŠUNOM

SASTOJCI

1 flaša pasulja u ulju

2 čena belog luka

4 kriške serano šunke

1 mladi luk

2 jaja

Posoliti biber

OBRADA

Ocijedite ulje iz pasulja u tiganju. Popržite nasjeckani luk, laminirani bijeli luk i šunku narezanu na tanke trakice. Pojačajte vatru, dodajte pasulj i dinstajte 3 minuta.

Jaja posebno umutiti i začiniti solju. Sipajte jaje preko pasulja i stalno miješajte.

TRICK

U umućena jaja dodajte malo pavlake ili mleka da budu glatkija.

TRINXAT

SASTOJCI

1 kg kupusa

1 kg krompira

100 g slanine

5 čena belog luka

Maslinovo ulje

sol

OBRADA

Kupus oguliti, oprati i iseći na tanke ploške. Krompir oguliti i iseći na četvrtine. Sve zajedno kuvajte 25 minuta. Izvadite ga i dok je vruće izgnječite viljuškom.

U tiganju propržite nasjeckani bijeli luk i slaninu narezanu na trakice. Dodajte ga u prethodno testo od krompira i pržite po 3 minuta sa svake strane, kao da je krompir omlet.

TRICK

Kupus se mora dobro ocijediti nakon kuvanja, inače trinx neće dobro porumeniti.

BROKULA GRATINOVANA SA SLANINOM I AUROROM

SASTOJCI

150 g slanine na trakice

1 veća brokula

Aurora sos (vidi čorbe i umake)

Maslinovo ulje

Posoliti biber

OBRADA

Trake slanine dobro popržite u tiganju i ostavite sa strane.

Brokulu podijelite na kolutiće i kuhajte u dosta slane vode 10 minuta ili dok ne omekša. Ocijedite i stavite na lim za pečenje.

Na brokulu stavite slaninu, zatim aurora sos i gratinirajte na maksimalnoj temperaturi do zlatno smeđe boje.

TRICK

Da biste smanjili miris brokule, dodajte malo sirćeta u vodu za kuhanje.

BOGAN SA RAKOVIMA I ŠKOLJKAMA U ZELENOJ MOČVARI

SASTOJCI

500 g kuvanog kardana

2 dcl bijelog vina

2 dcl ribljeg sosa

2 kašike seckanog svežeg peršuna

1 kašika brašna

20 granata

4 čena belog luka

1 luk

Maslinovo ulje

sol

OBRADA

Crni i beli luk iseckati na sitne kockice. Polako pirjajte na 2 kašike ulja 15 minuta.

Dodajte brašno i kuvajte, neprestano mešajući, 2 minuta. Pojačajte vatru, ulijte vino i ostavite da se potpuno ohladi.

Navlažite ga pušačom i kuhajte 10 minuta na laganoj vatri uz stalno miješanje. Dodajte peršun i posolite.

Dodajte prethodno očišćene školjke i kardan. Pokrijte i kuhajte 1 minut dok se školjke ne otvore.

TRICK

Peršun nemojte prepeći da ne izgubi boju ili posmeđi.

KARAMELIZOVANI LUK

SASTOJCI

2 velika luka

2 kašike šećera

1 kašičica modene ili šeri sirćeta

OBRADA

Poklopite i pržite prženi luk dok ne bude providan

Pokrijte i kuhajte dok ne porumeni. Dodajte šećer i kuvajte još 15 minuta. Okupati sirćetom i kuvati još 5 minuta.

TRICK

Ako želite da napravite omlet sa ovom količinom karamelizovanog luka, koristite 800 g krompira i 6 jaja.

PUNJENE GLJIVE SERRANO ŠUNKOM I PESTO SOSU

SASTOJCI

500 g svježih šampinjona

150 g Serrano šunke

1 sitno seckani mladi luk

Pesto sos (pogledajte čorbe i umake)

OBRADA

Luk i šunku narežite na sitno. Pecite ih polako 10 minuta. Pustite da se ohladi.

Pečurki očistite i uklonite peteljku. Kuhajte ih naopačke u tiganju 5 minuta.

Pečurke napunite šunkom i mladim lukom, prelijte sa malo pesto sosa i pecite na 200 stepeni cca. 5 minuta.

TRICK

Nema potrebe dodavati sol jer su šunka i pesto sos malo slani.

CAULIRO SA AJOARRIEROM

SASTOJCI

1 velika karfiol

1 kašika slatke paprike

1 kašika sirćeta

2 čena belog luka

8 kašika maslinovog ulja

sol

OBRADA

Karfiol podijelite u snopove i kuhajte u dosta slane vode 10 minuta ili dok ne bude gotov.

Narežite beli luk i propržite na ulju. Skinite šerpu sa vatre i dodajte papriku. Kuvajte 5 sekundi, a zatim dodajte sirće. Sofrito začinite solju i sosom.

TRICK

kako bi karfiol manje mirisao pri kuvanju, u vodu dodajte 1 čašu mlijeka.

PEČENI CARFIOL

SASTOJCI

100 g rendanog parmezana

1 velika karfiol

2 žumanca

Bešamel sos (pogledajte Čorbe i umaci)

OBRADA

Karfiol podijelite u snopove i kuhajte u dosta slane vode 10 minuta ili dok ne bude gotov.

Dodajte bešamel u sos (ugasite vatru) dok mutite žumanca i sir.

Stavite karfiol u posudu za pečenje i pospite bešamel sosom. Pecite na maksimalnoj temperaturi dok površina ne porumeni.

TRICK

Ako bešamelu dodate rendani sir i žumance, postaje novi Mornay sos.

DUXELLE

SASTOJCI

500 g šampinjona

100 g putera

100 g mladog luka (ili luka)

Posoliti biber

OBRADA

Očistite šampinjone i narežite ih na manje komade.

Na puteru propržiti veoma sitno seckani luk, pa dodati pečurke. Krčkajte dok tečnost potpuno ne nestane. Sezona.

TRICK

Može biti savršen prilog, punjenje ili čak prvo jelo. Duxell od gljiva sa poširanim jajetom, pileća prsa punjena duxell-om itd.

SA DIMLJENIM LOSOM I KABRALOM

SASTOJCI

200 g kreme

150 g dimljenog lososa

100 g kabralskog sira

50 g oljuštenih oraha

6 pupoljaka endivije

Posoliti biber

OBRADA

Endivije narežite, dobro ih operite u hladnoj vodi i uronite u ledenu vodu na 15 minuta.

U činiji pomiješajte sir, narezani losos, orahe, vrhnje, sol i biber i ovim umakom napunite endiviju.

TRICK

Ispiranje endivije pod hladnom vodom i potapanje u ledenu vodu pomoći će u uklanjanju gorčine.

SEGOVIAN OD LOMBARDA

SASTOJCI

40 g pinjola

40 g grožđica

1 kašika paprike

3 čena belog luka

1 crveni kupus

1 koštica jabuke

Maslinovo ulje

sol

OBRADA

Crvenom kupusu uklonite središnju stabljiku i vanjske listove i narežite ih na žilene trakice. Jabuku očistite od jezgre bez skidanja kore i narežite je na četvrtine. Crveni kupus, grožđice i jabuke pecite 90 minuta. Ocijedite i spremite.

Beli luk narežite na ploške i popržite ga u tavi. Dodajte pinjole i tost. Dodati papriku i dodati crveni kupus sa grožđicama i jabukama. Pržite 5 minuta.

TRICK

Da crveni kupus ne izgubi boju, počnite da ga kuvate sa kipućom vodom i dodajte kap sirćeta.

SALATA OD PEČENOG PAPRIKA

SASTOJCI

3 paradajza

2 patlidžana

2 glavice luka

1 crvena paprika

1 glavica belog luka

sirće (opciono)

ekstradjevičansko maslinovo ulje

sol

OBRADA

Zagrijte rernu na 170°C.

Patlidžan, biber i paradajz operite, luk ogulite. Stavite svo povrće na tepsiju i obilno pokapajte uljem. Pecite 1 sat, povremeno okrećući za ravnomjerno pečenje. Izvadite kako je napravljeno.

Pustite da se paprike ohlade, uklonite im kožicu i sjemenke. Julienne paprike, luk i patlidžan bez sjemenki. Laganim pritiskom izvadite režnjeve belog luka iz pečene glavice.

Sve povrće pomešati u činiji, začiniti prstohvatom soli i ulja za prženje. Možete dodati i nekoliko kapi sirćeta.

TRICK

Preporučljivo je napraviti nekoliko rezova na koži patlidžana i paradajza kako se ne bi pocijepali tokom kuvanja i kako bi se lakše ogulili.

FRANCUSKI GRAŠAK

SASTOJCI

850 g čistog graška

250 g crnog luka

90 g serano šunke

90 g putera

1 litar čorbe

1 kašika brašna

1 čista salata

sol

OBRADA

Na maslacu iseckani smeđi luk i kockice šunke. Dodajte brašno i pržite 3 minute.

Dodajte supu i kuvajte još 15 minuta, povremeno mešajući. Dodajte grašak i kuhajte 10 minuta na srednjoj vatri.

Dodajte ukusni julienne i kuhajte još 5 minuta. Dodajte prstohvat soli.

TRICK

Kuhajte grašak nepokriven da ne posijedi. Dodavanje prstohvata šećera tokom kuvanja pojačava ukus graška.

REKREIRANI ŠPANAT

SASTOJCI

3/4 funte svježeg spanaća

45 g putera

45 g brašna

½ litra mlijeka

3 čena belog luka

Muškatni oraščić

Maslinovo ulje

Posoliti biber

OBRADA

Bešamel se pravi od rastopljenog putera i brašna. Polako dinstajte 5 minuta, a zatim dodajte mleko uz stalno mešanje. Pecite 15 minuta, a zatim začinite solju, biberom i muškatnim oraščićem.

Spanać skuvajte u dosta slane vode. Ocijedite, ohladite i dobro iscijedite da se potpuno osuše.

Isjeckajte bijeli luk i pržite ga na ulju 1 minut. Dodajte spanać i dinstajte na srednjoj vatri 5 minuta.

Spanać pomiješajte sa bešamelom i kuhajte još 5 minuta uz stalno miješanje.

TRICK

Nekoliko tostiranih trouglova sa narezanim hlebom.

BEBABAS SA BIJELOM BUTIFAROM

SASTOJCI

1 flaša pasulja u ulju

2 čena belog luka

1 bela kobasica

1 mladi luk

Maslinovo ulje

sol

OBRADA

Ocijedite ulje iz pasulja u tiganju. Na ovom ulju sitno propržiti luk i beli luk, pa dodati kobasicu iseckanu na kockice.

Kuvajte 3 minute dok ne porumene. Pojačajte vatru, dodajte pasulj i dinstajte još 3 minuta. Dodajte prstohvat soli.

TRICK

Može se napraviti i od mekog pasulja. Da biste to učinili, kuhajte u hladnoj vodi 15 minuta ili dok ne omekša. Osvježite vodom i ledom, a zatim ogulite. Zatim pripremite recept na isti način.

ZELENI PASULJ SA ŠUNKOM

SASTOJCI

600 g mahune

150 g Serrano šunke

1 kašičica paprike

5 paradajza

3 čena belog luka

1 luk

Maslinovo ulje

sol

OBRADA

Uklonite stranice i krajeve pasulja i narežite ga na velike kocke. Kuvajte u kipućoj vodi 12 minuta. Procijediti, ohladiti i prokuvati.

Crni i beli luk iseckati na sitne kockice. Polako pržite 10 minuta i dodajte Serrano šunku. Krčkajte još 5 minuta. Dodajte papriku i rendani paradajz i pržite dok ne nestane sva voda.

U umak dodajte mahune i kuhajte još 3 minute. Dodajte prstohvat soli.

TRICK

Chorizo se može zamijeniti serano šunkom.

JAMB paprikaš

SASTOJCI

450 g jagnjetine

200 g mahune

150 g oljuštenog pasulja

150 g graška

2 litre čorbe

2 dl crnog vina

4 srca od artičoke

3 čena belog luka

2 velika paradajza

2 velika krompira

1 zelena paprika

1 crvena paprika

1 luk

Maslinovo ulje

Posoliti biber

OBRADA

Jagnjeće meso se isecka, začini i prži na jakoj vatri. Uklonite i rezervišite.

Na istom ulju lagano pržite nasjeckani bijeli i crni luk 10 minuta. Dodajte rendani paradajz i kuvajte dok voda potpuno ne ispari. Navlažite ga vinom i ostavite da se ohladi. Zalijte temeljcem, dodajte jagnjetinu i kuhajte 50 minuta ili dok meso ne omekša. Sezona.

Posebno, u drugom tiganju, na pari dinstajte paprike narezane na kockice, grašak, artičoke narezane na četvrtine, 8 mahuna narezane na četvrtine i mahune. Prelijte janjećim temeljcem i lagano kuhajte 5 minuta. Dodati oguljeni i seckani krompir. Kuvajte dok ne omekša. Dodajte jagnjetinu i malo temeljca.

TRICK

Kuhajte grašak nepokriven da ne posijedi.

SLATKI PATLIDŽAN sa kozjim sirom, medom i karijem

SASTOJCI

200 g kozjeg sira

1 patlidžan

Dragi

curry

Brašno

Maslinovo ulje

sol

OBRADA

Patlidžan narežite na tanke ploške, stavite na upijajući papir i posolite sa obe strane. Ostavite da odstoji 20 minuta. Uklonite višak soli i brašna i tostirajte.

Sir narežite na tanke kriške. Složite slojeve patlidžana i sira. Pecite 5 minuta na 160 stepeni.

Prebacite na tanjir i dodajte 1 kašičicu meda i kap karija u svaku krišku patlidžana.

TRICK

Sjeckanjem patlidžana i ostavljanjem soli uklonit ćete gorčinu.

TORTA OD BIJELE ŠPAROGE I DIMLJENOG LOSOSA

SASTOJCI

400 g šparoga iz konzerve

200 g dimljenog lososa

½ l kreme

4 jaja

Brašno

Maslinovo ulje

Posoliti biber

OBRADA

Umješajte sve sastojke u glatko tijesto. Ocijedite kako biste izbjegli vlakna šparoga.

Sipati u jedinstvene, prethodno namazane maslacem i pobrašnjene kalupe. Peći na 170°C 20 minuta. Može se uzimati toplo ili hladno.

TRICK

Majonez od smrvljenih listova svježeg bosiljka savršen je kao prilog.

PIQUILLO PAPIR PUNJENA MORCILOM SA SLATKIM PJENASTIM UMAKOM

SASTOJCI

125 ml kreme

8 kašika senfa

2 kašike šećera

12 piquillo paprika

2 krvavice

Gears

Brašno i jaja (za premazivanje)

Maslinovo ulje

OBRADA

Crni puding izmrviti i ispeći na zagrejanom tiganju sa šakom pinjola. Ostavite da se ohladi i napunite paprike. Uvaljati u brašno i jaje, pržiti na dosta ulja.

Prokuhajte kremu sa senfom i šećerom dok ne postane gusta. Poslužite paprike sa ljutim sosom.

TRICK

Paprika mora biti malo po malo pečena na ulju i jako vruća.

VRŠK SA BADEMIMA

SASTOJCI

900 g kuvanog kardana

75 g granuliranih badema

50 g brašna

50 g putera

1 litar pilećeg bujona

1 dcl bijelog vina

1 dcl kreme

1 kašika nasjeckanog svježeg peršuna

2 čena belog luka

2 žumanca

1 luk

Maslinovo ulje

Posoliti biber

OBRADA

Bademe i brašno lagano dinstajte na puteru 3 minuta. Nastavljajući da mutite, prelijte pilećim temeljcem i kuhajte još 20 minuta. Dodajte vrhnje, pa sklonite sa vatre i umiješajte žumance. Sezona.

Na ulju propržiti posebno nasjeckani luk i bijeli luk. Dodajte čičak, pojačajte vatru i prelijte vinom. Ostavite da se skroz smanji.

Dodajte supu u čičak i poslužite sa peršunom.

TRICK

Nemojte pregrijati sos nakon dodavanja žumanca kako ne bi zaspao, a sos ostao grudast.

DAGGER

SASTOJCI

4 zrela paradajza

2 zelene paprike

2 tikvice

2 glavice luka

1 crvena paprika

2-3 čena belog luka

1 kašičica šećera

Maslinovo ulje

sol

OBRADA

Paradajz blanširajte, skinite kožicu i narežite na kockice. Ogulite i nasjeckajte luk i tikvice. Papriku očistiti od semenki, meso iseći na kockice.

Na malo ulja pržite beli i crni luk 2 minuta. Dodajte papriku i pržite još 5 minuta. Dodajte tikvice i dinstajte još nekoliko minuta. Na kraju dodajte paradajz i kuvajte dok ne nestane sva voda. Očistite šećer i so, pa prokuvajte.

TRICK

Možete koristiti mljeveni paradajz iz konzerve ili dobar paradajz sos.

PRAILUK SA POVRĆNIM OCETOM

SASTOJCI

8 praziluka

2 čena belog luka

1 zelena paprika

1 crvena paprika

1 mladi luk

1 krastavac

12 kašika ulja

4 kašike sirćeta

Posoliti biber

OBRADA

Papriku, mladi luk, beli luk i krastavac narežite na sitno. Pomiješajte sa uljem, sirćetom, solju i biberom. Uklonite ga.

Praziluk očistite i kuvajte u kipućoj vodi 15 minuta. Izvadite, osušite i prerežite svaki na tri dijela. Tanjir i sos sa vinaigretom.

TRICK

Napravite vinaigret od paradajza, mladog luka, kapara i crnih maslina. Gratinirani praziluk sa mocarelom i sosom. Pa.

PRAZIL, SLANINA I PRESOVANA KUHINJA

SASTOJCI

200 g sira Manchego

1 litar kreme

8 jaja

6 većih očišćenih praziluka

1 pakovanje dimljene slanine

1 pakovanje smrznutog lisnatog tijesta

Brašno

Maslinovo ulje

Posoliti biber

OBRADA

Maslac i pobrašnite kalup, pa ga obložite lisnatim testom. Stavite aluminijsku foliju i povrće da ne naraste i pecite 15 minuta na 185ºC.

U međuvremenu, lagano pržite sitno seckani praziluk. Dodati sitno iseckanu slaninu.

Umućeno jaje pomešati sa kajmakom, prazilukom, slaninom i rendanim sirom. Posolite i pobiberite, stavite ovu smesu na lisnato testo i pecite na 165ºC 45 minuta dok se ne stegne.

TRICK

Da biste provjerili da li se quiche stvrdnuo, zabodite čačkalicom u sredinu. Ako ispadne suvo, to je znak da je kolač gotov.

RAJ U LA PROVENCAL

SASTOJCI

100 g prezle

4 paradajza

2 čena belog luka

Peršun

Maslinovo ulje

Posoliti biber

OBRADA

Ogulite i nasjeckajte bijeli luk, a zatim pomiješajte sa prezlom. Paradajz prepolovite i uklonite sjemenke.

Zagrejte ulje u tiganju i dodajte paradajz, prerezanom stranom nadole. Kada koža počne da se diže na ivicama, preokrenite je. Pecite još 3 minute i stavite ih u pleh.

U istoj tavi tostirajte smjesu za kruh i bijeli luk. Kada porumeni, pospite paradajz. Zagrejte rernu na 180 stepeni i pecite 10 minuta pazeći da se ne osuše.

TRICK

Obično se jede kao prilog, ali i kao glavno jelo, uz lagano prženu mocarelu.

PUNJENI LUK

SASTOJCI

125 g mljevenog junećeg mesa

125 g slanine

2 kašike paradajz sosa

2 supene kašike prezle

4 velika luka

1 jaje

Maslinovo ulje

Posoliti biber

OBRADA

Pirjajte slaninu narezanu na kockice i mljeveno meso sa solju i biberom dok ne izgubi ružičastu boju. Dodajte paradajz i kuvajte još 1 minut.

Pomiješajte meso sa jajetom i prezlama.

Uklonite prvi sloj luka i njegovo dno. Prelijte vodom i kuhajte 15 minuta. Osušite, uklonite sredinu i napunite mesom. Peći 15 minuta na 175 stepeni.

TRICK

Mornay sos se može napraviti tako što ćete vodu od kuhanja luka zamijeniti pola mlijeka. Na vrh prelijte sos i gratinirajte.

GLJIVE SA KREMOM OD ORAŠKA

SASTOJCI

1 kg mešanih pečuraka

250 ml kreme

125 ml rakije

2 čena belog luka

Orah

Maslinovo ulje

Posoliti biber

OBRADA

U tiganju propržite filovani beli luk. Pojačajte vatru i dodajte očišćene i narezane šampinjone. Pržite 3 minute.

Navlažite ga rakijom i ostavite da se ohladi. Dodajte vrhnje i lagano kuhajte još 5 minuta. Šaku oraha izmrviti u mužaru i preliti.

TRICK

Kultivisane pečurke, pa čak i sušene pečurke su dobre opcije.

TORTA OD PARADAJZA I BOSILJAKA

SASTOJCI

½ l kreme

8 kašika paradajz sosa (pogledajte čorbe i sosove)

4 jaja

8 listova svježeg bosiljka

Brašno

Maslinovo ulje

Posoliti biber

OBRADA

Mešajte sve sastojke dok ne dobijete homogenu masu.

Zagrijte rernu na 170°C. Podijelite u pobrašnjene i maslacem posute kalupe i pecite 20 minuta.

TRICK

Ovo je odličan način da iskoristite ostatke paradajz sosa iz drugog recepta.

PILEĆI KARI Gulaš od krompira

SASTOJCI

1 kg krompira

½ litra pilećeg bujona

2 pileća prsa

1 kašika karija

2 čena belog luka

2 paradajza

1 luk

1 lovorov list

Maslinovo ulje

Posoliti biber

OBRADA

Narežite prsa na srednje kockice. Začiniti i pržiti na vrelom ulju. Izvadite ga i rezervišite.

Na istom ulju na laganoj vatri dinstajte luk i beli luk narezan na sitne kockice 10 minuta. Dodajte kari i pržite još minut. Dodajte rendani paradajz, pojačajte vatru i kuvajte dok paradajz ne izgubi svu vodu.

Ogulite i ogulite krompir. Dodajte ih u sos i kuvajte 3 minuta. Kupamo ga čorbom i lovorovim listom. Kuvajte na laganoj vatri dok krompir ne bude gotov, pa posolite i pobiberite.

TRICK

Ubacite temeljac i nekoliko krompira i zgnječite viljuškom. Vratite u gulaš i kuvajte, neprestano mešajući, 1 minut. Ovo će zgusnuti temeljac bez potrebe za brašnom.

SWEET EGG

SASTOJCI

8 jaja

Tost

Posoliti biber

OBRADA

Stavite jaja u činiju prelivenu hladnom vodom i solju. Kuvati dok voda lagano ne provri. Ostavite na vatri 3 minuta.

Izvadite jaje i ohladite ga u ledenoj vodi. Pažljivo odvojite gornju školjku poput šešira. Začinite solju i biberom i poslužite sa tostiranim štapićima.

TRICK

Važno je da se u prvoj minuti jaje pomakne tako da se žumanca nađe u sredini.

KROMPIR JE VAŽAN

SASTOJCI

1 kg krompira

¾ l riblje čorbe

1 mala čaša bijelog vina

1 kašika brašna

2 čena belog luka

1 luk

Brašno i jaja (za premazivanje)

Peršun

Maslinovo ulje

OBRADA

Krompir ogulite i narežite na ne previše debele kriške. Pobrašnite i umutite jaje. Skuvati i ostaviti sa strane.

Luk i beli luk narežite na sitno i ogulite. Dodajte i tostirajte kašiku brašna i prelijte vinom. Ostavite da se ohladi dok se skoro ne osuši i pokvasite pušačom. Kuvajte 15 minuta na laganoj vatri. Posolite i dodajte peršun.

U sos dodajte krompir i kuvajte dok ne omekša.

TRICK

Možete dodati nekoliko komada grdobine ili oslića i škampe.

MOLLETO SA JAJEM

SASTOJCI

8 jaja

150 g sušenih vrganja

50 g putera

50 g brašna

1 dcl slatkog vina

2 čena belog luka

Muškatni oraščić

Sirće

Ulje

Posoliti biber

OBRADA

Vrganje potopite u 1 litar vrele vode oko 1 sat. U isto vreme kuvajte jaja u kipućoj, posoljenoj i sirćetnoj vodi 5 minuta. Uklonite i odmah osvježite u ledeno hladnoj vodi. Pažljivo ogulite.

Ocijedite vrganje i ostavite vodu. Beli luk narežite na ploške i lagano propržite na ulju. Dodajte vrganje i kuhajte 2 minute na jakoj vatri. Začinite solju i biberom i kupajte u slatkom vinu dok ne omekša i sos se osuši.

U šerpi sa brašnom otopite puter. Krčkajte na laganoj vatri 5 minuta bez prestanka mešanja. Zalijte hidratiziranom vodom vrganja. Kuvajte 15 minuta na laganoj vatri uz stalno mešanje. Začinite i dodajte muškatni oraščić.

Na tanjir stavite vrganje, zatim jaje i ukrasite sosom.

TRICK

Mekano jaje treba ostaviti sa proteinom skute i tečnim žumancem.

KROMPIR I BIJELI

SASTOJCI

1 kg krompira

600 g bakalara bez kostiju i kože

4 kašike paradajz sosa

1 veliki luk

2 čena belog luka

1 lovorov list

Brand

Maslinovo ulje

Posoliti biber

OBRADA

Krompir oguliti, iseći na četvrtine i kuvati u slanoj vodi 30 minuta. Ocijedite i procijedite kroz mlin za hranu. Pire rasporedite na prozirnu foliju i ostavite sa strane.

Crni i beli luk iseckati na sitne kockice. Pržite na srednjoj vatri 5 minuta, a zatim dodajte lovorov list i nasjeckani i začinjeni bjelanak. Pirjajte bez prestanka mešanja još 5 minuta, navlažite kap rakije i ostavite da se slegne. Dodajte paradajz sos i kuvajte još minut. Pustite da se ohladi.

Na podlogu od krompira rasporedite šlag, zarolajte u obliku gipsy rolata i stavite u frižider do serviranja.

TRICK

Može se napraviti od bilo koje svježe ili smrznute ribe. Poslužite uz roze sos ili aioli.

UPOTREBA OMLET COCIDO (STARA ODJEĆA)

SASTOJCI

125 g bataka

100 g piletine ili piletine

60 g kupusa

60 g slanine

1 kašičica paprike

3 čena belog luka

1 crni puding

1 kobasica

1 luk

2 kašike maslinovog ulja

sol

OBRADA

Crni i beli luk iseckati na sitne kockice. Krčkajte na laganoj vatri 10 minuta. Kuvano meso i kupus narežite na sitno i dodajte luku. Pržite na srednjoj vatri dok meso ne porumeni i porumeni.

Umutiti jaja i dodati mesu. Podesite sol.

Dobro zagrejte tiganj, dodajte ulje i pržite tortilju sa obe strane.

TRICK

Poslužite uz dobar kim paradajz sos.

KROMPIR PUNJEN DIMOM PUNJEN LAKAKOM, SLANINOM I DIJZANIM

SASTOJCI

4 srednja krompira

250 g slanine

150 g parmezana

200 g dimljenog lososa

½ l kreme

1 patlidžan

Maslinovo ulje

Posoliti biber

OBRADA

Krompir dobro operite i kuvajte sa korom na srednjoj vatri 25 minuta ili dok ne omekša. Ocijedite, prepolovite i ocijedite ostavljajući lagani sloj. Krompir ostavite netaknutim i ocijedite.

Na zagrejanom tiganju popržite slaninu narezanu na tanke trakice. Uklonite i rezervišite. Na istom ulju dinstajte patlidžan narezan na sitne kockice 15 minuta ili dok ne omekša.

U šerpu stavite ocijeđeni krompir, poširan patlidžan, slaninu, narezani losos, parmezan i vrhnje. Kuvajte 5 minuta na srednjoj vatri, a zatim posolite i pobiberite.

Krompir napunite prethodnom smjesom i gratinirajte na 180 ºC dok ne porumeni.

TRICK

Možete napraviti i nekoliko patlidžana sa istim nadjevom.

KROKET OD KROMPIRA I SIRA

SASTOJCI

500 g krompira

150 g rendanog parmezana

50 g putera

Brašno, jaje i prezle (za premazivanje)

2 žumanca

Muškatni oraščić

Posoliti biber

OBRADA

Krompir ogulite, narežite na četvrtine i kuhajte na srednjoj vatri sa vodom i soli 30 minuta. Ocijedite i procijedite kroz mlin za hranu. Kada je vruće, dodajte puter, žumance, so, biber, muškatni oraščić i parmezan. Pustite da se ohladi.

Oblikujte kuglice nalik na krokete i uvaljajte ih u brašno, umućeno jaje i prezle. Pržite na dosta ulja dok ne porumeni.

TRICK

Pre prekrivanja u sredinu kroketa stavite 1 kašičicu paradajz sosa i komad sveže kuvane kobasice. Oni su ukusni.

GOOD FRIED FRIED

SASTOJCI

1 kg kasnog ili srednje kasnog krompira (kiseli ili sorta Monalisa)

1 litar maslinovog ulja

sol

OBRADA

Krompir oguliti i iseći na obične kockice. Operite ih u dosta hladne vode dok ne postanu potpuno providni. dobro osušiti

Zagrejte ulje u tiganju na srednjoj temperaturi na oko 150 stepeni. Kada počne lagano, ali stalno, dodati krompir i pržiti ga dok ne omekša, vodeći računa da se ne slomi.

Pojačajte vatru na jako vrelom ulju i dodajte krompir u porcijama, mešajući kašikom. Kuvajte dok ne porumeni i ne postanu hrskavi. Izvadite ga i ocijedite višak ulja i soli.

TRICK

Obje temperature ulja su važne. Zbog toga je iznutra veoma mekana, a spolja hrskava. Posolite na kraju.

FLORENTINO JAJE

SASTOJCI

8 jaja

800 g spanaća

150 g suhe šunke

1 češanj belog luka

Bešamel sos (pogledajte Čorbe i umaci)

sol

OBRADA

Spanać kuvajte u posoljenoj kipućoj vodi 5 minuta. Osvježite i iscijedite da uklonite vodu. Sitno nasjeckajte i ostavite sa strane.

Isjeckajte bijeli luk i pržite na srednjoj vatri 1 minut. Dodajte šunku narezanu na kockice i kuhajte još 1 minut. Pojačajte vatru, dodajte spanać i kuhajte još 5 minuta. Zatim podijelite spanać u 4 glinene posude.

Spanać preliti sa 2 umućena jaja. Premažite bešamel sosom i pecite 8 minuta na 170ºC.

TRICK

Firentinac je naziv za preparate napravljene od spanaća.

PEČENI KROMPIR SA MJESEČNOM RIBOOM I RAKOVIMA

SASTOJCI

4 krompira

300 g čiste grdobine bez kostiju

250 g oguljenih škampa

½ l ribljeg soka

1 čaša bijelog vina

1 kašika paste od čorizo paprike

1 kašičica paprike

8 niti šafrana

3 kriške prepečenog hleba

2 čena belog luka

1 luk

Maslinovo ulje

Posoliti biber

OBRADA

Na laganoj vatri dinstajte luk i nasjeckani bijeli luk 10 minuta. Dodajte kriške hleba i tost. Dodajte šafran, papriku i čorizo biber. Pržite 2 minute.

Krompir rezervišite i dodajte u sos. Pržite 3 minute. Dodajte vino i ostavite da se potpuno ohladi.

Prelijte čorbom i kuvajte na laganoj vatri dok krompir nije skoro gotov. Dodajte izrezanu grdobinu i oguljene kozice. Začinite i kuhajte još 2 minute. Ostavite da odstoji 5 minuta, sklonite sa vatre.

TRICK

Cachelar krompir znači kidanje na jednake komade, a da ga potpuno ne sečete. Ovo će učiniti supu gušću.

JAJE U FLAMENCO STILU

SASTOJCI

8 jaja

200 g paradajz sosa

1 mala konzerva piquillo paprike

4 kašike kuvanog graška

4 kriške serano šunke

4 debele kriške čoriza

4 konzerve šparoga

OBRADA

Podijelite paradajz sos između 4 posude. U svako stavite po 2 umućena jaja i izrezani grašak, čorizo i šunku, kao i paprike i šparoge podelite na različite hrpice.

Peći na 190 stepeni dok jaja ne omekšaju.

TRICK

To se može učiniti sa botifarom, pa čak i svježom kobasicom.

TORTILLA PAISANA

SASTOJCI

6 jaja

3 velika krompira

25 g kuvanog graška

25 g kobasice

25 g Serrano šunke

1 zelena paprika

1 crvena paprika

1 luk

Maslinovo ulje

Posoliti biber

OBRADA

Luk i biber narežite na sitno. Oguljeni krompir narežite na vrlo tanke kriške. Pržite krompir sa lukom i paprikom na srednjoj vatri.

Ispecite čorizo i šunku narezanu na sitne kockice. Ocijedite krompir sa lukom i paprikom. Pomiješajte sa čorizom i šunkom. Dodajte grašak.

Umutiti jaja, začiniti solju i biberom, pa pomešati sa krompirom i ostalim sastojcima. Dobro zagrejte srednji tiganj, dodajte prethodnu smesu i izmiksajte sa obe strane.

TRICK

Ne morate puno spavati, jer će biti gotovo sa zaostalom toplinom. Tako će biti sočnije.

Kajgana sa kobasicom i senfom

SASTOJCI

8 jaja

2 njemačke dimljene kobasice

5 kašika senfa

4 kašike kreme

2 kisela krastavca

Posoliti biber

OBRADA

Sitno nasjeckani krastavac pomiješajte sa senfom i vrhnjem.

Narežite kobasicu tanko na dnu 4 glinene posude. Prelijte umakom od senfa, a zatim prelijte svako sa 2 razmućena jaja. Sezona.

Peći na 180 stepeni dok protein ne omekša.

TRICK

Dodajte 2 kašike rendanog parmezana i nekoliko grančica svežeg timijana u mešavinu senfa i kreme.

BILJKE KROMPIRA U MARTU

SASTOJCI

7 velikih jaja

Skuvati 800 g krompira

1 dcl bijelog vina

¼ litre pilećeg temeljca

1 kašika svežeg peršuna

1 kašičica paprike

1 kašičica brašna

3 čena belog luka

Djevičansko maslinovo ulje

sol

OBRADA

Sitno nasjeckajte bijeli luk i pržite ga na srednjoj vatri 3 minute, a da ne porumeni. Dodajte brašno i pržite 2 minute. Dodajte papriku i pržite 5 sekundi. Navlažite ga vinom i ostavite da se potpuno ohladi. Zalijte juhom i kuhajte 10 minuta na laganoj vatri uz povremeno miješanje. Posolite i pospite peršunom.

Ogulite krompir. Izrežite po dužini na četvrtine i tanko ih narežite. pržite dok ne omekšaju i blago porumene.

Umutiti jaja i začiniti solju. Krompir dobro ocijedite i dodajte u umućeno jaje. Podesite sol.

Zagrejte tiganj, dodajte 3 kašike ulja kojim ste pržili krompir, zatim dodajte mešavinu jaja i krompira. Miješajte 15 sekundi na visokoj temperaturi. Okrenite ga tanjirom. Zagrejte tiganj i dodajte još 2 kašike ulja od prženja krompira. Dodajte tortilju i tostirajte na visokoj temperaturi 15 sekundi. Posolite i kuhajte na laganoj vatri 5 minuta.

TRICK

Za ovaj recept možete koristiti ostatke gulaša ili jela od riže.

CRUSHING BASE

SASTOJCI

1 kg krompira

200 g neslanog bakalara

100 ml bijelog vina

3 srednja praziluka

1 veliki luk

OBRADA

Bakalar kuvajte u 1 l hladne vode 5 minuta. Izvadite bakalar, izlomite ga i uklonite kosti. Rezervišite vodu za kuvanje.

Posolite luk i dinstajte u tiganju na laganoj vatri oko 20 minuta. Praziluk narežite na malo deblje kriške i dodajte luku. Krčkajte još 10 minuta.

Krompir cachelar (trgati, ne iseckati) i dodati u varivo kada je praziluk skuvan. Krompir malo propržiti, pojačati vatru i poprskati bijelim vinom. Neka se smanji.

Varivo se kupa u vodi od ključanja bakalara, začini solju (treba da bude malo mekano) i kuva dok krompir ne omekša. Dodajte bakalar i kuhajte još 1 minut. Posolite i ostavite poklopljeno 5 minuta.

TRICK

Ovaj gulaš pretvorite u kremu. Samo treba da se izgnječi i filtrira. Pa.

FREAKS

SASTOJCI

500 g krompira

1 čaša bijelog vina

1 mali luk

1 zelena paprika

Maslinovo ulje

sol

OBRADA

Krompir oguliti i iseći na tanke kriške. Luk i papriku narežite na julienne trakice. Stavili smo ga na lim za pečenje. Posolite i dobro premažite uljem. Promiješajte da se dobro prekrije i prekrijte aluminijskom folijom.

Peći na 160ºC 1 sat. Uklonite, uklonite papir i kupajte čašu za vino.

Pecite otklopljeno na 200 stepeni još 15 minuta.

TRICK

Vino možete zamijeniti sa ½ šolje vode, ½ šolje sirćeta i 2 kašike šećera.

Pržene pečurke

SASTOJCI

8 jaja

500 g šampinjona očišćenih i narezanih na kockice

100 g Serrano šunke narezane na kockice

8 kriški prepečenog hleba

2 čena belog luka

Maslinovo ulje

OBRADA

Beli luk narežite na ploške i lagano propržite sa šunkom isečenom na kockice bez dodavanja boje. Pojačajte vatru, dodajte očišćene i narezane šampinjone i pržite 2 minute.

Dodajte razmućeno jaje uz stalno mešanje dok ne postane malo čvrsta i penasta.

TRICK

Nema potrebe za dodavanjem soli jer Serrano šunka to pruža.

JAJA NA TALDI sa inćunima i maslinama

SASTOJCI

8 jaja

500 g paradajza

40 g crnih maslina bez koštica

12 inćuna

10 kapara

3 čena belog luka

1 mladi luk

origano

Šećer

Maslinovo ulje

sol

OBRADA

Sitno nasjeckajte bijeli i crni luk. Pecite 10 minuta na laganoj vatri.

Paradajz oguliti, odstraniti sjemenke i narezati na male kockice. Dodajte beli i crni luk u sos. Pojačajte vatru i kuhajte dok paradajz ne izgubi svu vodu. Podesite sol i šećer.

Podijelite paradajz u glinene posude. Dodajte 2 umućena jaja i prelijte ostatkom seckanih sastojaka. Peći na 180 stepeni dok protein ne omekša.

TRICK

Dodavanje šećera u recepte sa paradajzom pomaže u ravnoteži kiselosti koju daje.

KROMPIR KREM SA SLANINOM I PARMEZANOM

SASTOJCI

1 kg krompira

250 g slanine

150 g parmezana

300 ml kreme

3 glavice luka

Muškatni oraščić

Maslinovo ulje

Posoliti biber

OBRADA

U činiji pomiješajte kremu sa sirom, solju, biberom i muškatnim oraščićem.

Krompir i luk oguliti i iseći na tanke ploške. Dinstati u tiganju dok ne omekša. Ocijedite i začinite.

Popržite slaninu isečenu na posebne trakice i stavite u tiganj sa krompirom.

Krompir stavite u tepsiju, premažite kremom i pecite na 175°C dok ne bude augratin.

TRICK

Ovaj recept možete napraviti i bez kuhanja krompira. Potrebno je samo da pečete na 150 stepeni 1 sat.

KUHANA JAJA

SASTOJCI

8 jaja

sol

OBRADA

Jaja kuvajte u kipućoj vodi 11 minuta.

Osvježite vodom i ledom, a zatim ogulite.

TRICK

Da biste lakše ljuštili, u kipuću vodu posolite i oljuštite odmah nakon hlađenja.

NABORANI KROMPIR

SASTOJCI

1 kg malog krompira

500 g krupne soli

OBRADA

Krompir skuvajte u slanoj vodi dok ne omekša. Trebalo bi da budu potpuno prekrivene vodom za jedan prst. Krompir ocijedite.

Vratite krompir u isti lonac (bez pranja) i stavite na laganu vatru, lagano mešajući dok se ne osuši. U tom slučaju na svakom krompiru se formira mali sloj soli i koža postaje naborana.

TRICK

Odlično se slaže sa slanom ribom. Probajte sa pestom.

JAJE U PRAHU SA GLJIVAMA, RAKOVIMA I DIVLJIM PTICOM

SASTOJCI

8 jaja

300 g svježih šampinjona

100 g škampa

250 ml čorbe

2 supene kašike Pedra Ximeneza

1 kašičica brašna

1 veza divljih šparoga

Maslinovo ulje

1 dcl sirćeta

Posoliti biber

OBRADA

Jaja skuvajte u dosta kipuće slane vode i sirćeta. Isključite vatru, poklopite šerpu i sačekajte 3-4 minuta. Belanac treba da bude kuvan, a žumanca tekuća. Izvadite, ocijedite i začinite.

Očistite šparoge i prepolovite ih po dužini. Pržite ih u tiganju na jakoj vatri, posolite i ostavite sa strane. Oguljene i začinjene škampe pržite na istom ulju na jakoj vatri 30 sekundi. Povlačenje.

U istoj tavi na jakoj vatri pržiti narezane šampinjone 1 minut, dodati brašno i pržiti još minut. Hidratizirajte ga Pedro Ximénezom dok ne omekša i osuši se. Prelijte salamurom i prokuvajte.

Stavite šparoge, škampe i pečurke na tanjir i dodajte jaja. Sos sa Pedro Ximénez sosom.

TRICK

Prokuhajte temeljac sa 1 grančicom ruzmarina dok ne dostigne polovinu zapremine.

PRŽENI KROMPIR SA ČORIZOM I ZELENOM HALJINOM

SASTOJCI

6 jaja

120 g seckanog čoriza

4 krompira

2 italijanske zelene paprike

2 čena belog luka

1 mladi luk

Maslinovo ulje

Posoliti biber

OBRADA

Krompir oguliti, oprati i iseći na srednje kockice. Temeljito operite dok voda ne postane bistra. Julienne luk i paprike.

Krompir pržite na dosta zagrejanog ulja, pa dodajte paprike i mladi luk dok povrće ne porumeni i omekša.

Krompir, mladi luk i papriku ocijedite. Ostavite malo ulja u tiganju da porumeni seckani čorizo. Ponovo pomiješajte krompir sa lukom i paprikom. Dodajte umućena jaja i lagano izmiksajte. Posolite i pobiberite.

TRICK

Chorizo možete zamijeniti crnim pudingom, čistorom, pa čak i botifarom.

POOR POTATOES

SASTOJCI

1 kg krompira

3 čena belog luka

1 mala zelena paprika

1 mala crvena paprika

1 mali luk

Svježi peršun

Maslinovo ulje

4 kašike sirćeta

sol

OBRADA

Izgnječite beli luk sa peršunom, sirćetom i 4 kašike vode.

Krompir oguliti i iseći na komade, kao za omlet. Pržiti na dosta zagrejanog ulja, pa dodati sitno prorezani luk i papriku. Nastavite sa kuvanjem dok ne porumeni.

Krompir, luk i papriku izvadite i ocijedite. Dodati protisnuti beli luk i sirće. Uklonite i posolite.

TRICK

Idealan dodatak svim vrstama mesa, a posebno masnijim kao što su jagnjetina i svinjetina.

VELIKI VOJVODA UKRAO JAJA

SASTOJCI

8 jaja

125 g parmezana

30 g putera

30 g brašna

½ litra mlijeka

4 kriške prepečenog hleba

Muškatni oraščić

Sirće

Posoliti biber

OBRADA

Za pripremu bešamel sosa brašno se prži na puteru 5 minuta na laganoj vatri, dodaje se mleko uz stalno mešanje i kuva još 5 minuta. Začinite solju, biberom i muškatnim oraščićem.

Jaja skuvajte u dosta kipuće slane vode i sirćeta. Isključite vatru, poklopite šerpu i sačekajte 3-4 minuta. Izvadite i ocijedite.

Stavite poširano jaje na tostirani hleb i pospite bešamel sosom. Pospite rendanim parmezanom i zapecite u rerni.

TRICK

Kada voda proključa, promiješajte je šibicom i odmah dodajte jaje. Daje nam okrugli i savršen oblik.

KROMPIR sa rebrima

SASTOJCI

3 velika krompira

1 kg mariniranih svinjskih rebara

4 kašike paradajz sosa

2 čena belog luka

1 lovorov list

1 zelena paprika

1 crvena paprika

1 luk

Maslinovo ulje

sol

OBRADA

Prepolovite rebra i ispecite ih na jako zagrejanoj tavi. Izvadite ga i rezervišite.

Na istom ulju propržiti paprike, beli luk i luk narezan na srednje komade. Kada je povrće omekšalo, dodajte paradajz sos i ponovo dodajte rebra. Promiješajte i prelijte vodom. Dodajte lovorov list i kuvajte na laganoj vatri dok skoro ne omekša.

Zatim dodajte prženi krompir. Posolite i kuvajte dok krompir ne omekša.

TRICK

Popločati krompir znači izgnječiti ga nožem, a da ga ne isečete u potpunosti. Ovo osigurava da se skrob odvoji od krompira, a čorba bogatija i gušća.

POLOŽENA JAJA

SASTOJCI

8 jaja

70 g putera

70 g brašna

Brašno, jaje i prezle (za premazivanje)

½ litra mlijeka

Muškatni oraščić

Maslinovo ulje

Posoliti biber

OBRADA

Zagrijte tiganj sa maslinovim uljem, ispecite jaja, a žumanca ostavite sirove ili vrlo malo. Izvadite, posolite i uklonite višak ulja.

Bešamel se pravi prženjem brašna na rastopljenom puteru 5 minuta. Dodajte mlijeko uz stalno miješanje i kuhajte na srednjoj vatri 10 minuta. Začinite začinima i muškatnim oraščićem.

Pažljivo premažite bešamel sa svih strana jaja. Ostavite da se ohladi u frižideru.

Umutiti jaja sa brašnom, umućenim jajetom i prezlom, pa pržiti na dosta zagrejanog ulja dok ne porumene.

TRICK

Što je jaje svježije, manje prska tokom kuvanja. Da biste to učinili, izvadite ih iz frižidera 15 minuta prije pečenja.

KROMPIR SA LEŠNJAKOM

SASTOJCI

750 g krompira

25 g putera

1 kašičica seckanog svežeg peršuna

2 kašike maslinovog ulja

Posoliti biber

OBRADA

Ogulite krompir i oblikujte ga u kuglice. Skuvajte ih u loncu u hladnoj vodi začinjenoj solju. Kada prvi put prokuvaju, pričekajte 30 sekundi i ocijedite.

U tiganju sa uljem otopite puter. Dodajte oceđeni i oceđeni krompir i kuvajte na srednjoj vatri dok krompir ne porumeni i omekša iznutra. Dodajte sol, biber i peršun.

TRICK

Mogu se peći i u rerni zagrejanoj na 175 stepeni, uz povremeno mešanje, dok ne omekšaju i ne porumene.

MOLLET EGG

SASTOJCI

8 jaja

sol

Sirće

OBRADA

Kuvajte jaja u kipućoj vodi sa solju i sirćetom 5 minuta. Izvadite ga i odmah ohladite u ledeno hladnoj vodi, a zatim pažljivo izvadite.

TRICK

Dodajte dosta soli u vodu kako biste lakše ogulili tvrdo kuhana jaja.

KROMPIR RIOJANA STYLE

SASTOJCI

2 velika krompira

1 kašičica čorizo ili ñora paste od bibera

2 čena belog luka

1 asturijski chorizo

1 zelena paprika

1 lovorov list

1 luk

Paprika

4 kašike maslinovog ulja

sol

OBRADA

Na ulju prodinstajte nasjeckani bijeli luk 2 minute. Dodajte julien luk i paprike i pržite na srednjoj vatri 25 minuta (boja treba da bude karamelizovana). Dodajte kašičicu čorizo bibera.

Dodajte seckani čorizo i pržite još 5 minuta. Dodajte cachelada krompir i kuvajte još 10 minuta uz stalno mešanje. Začinite solju.

Dodajte papriku i podlijte vodom. Kuvajte sa lovorovim listom na veoma laganoj vatri dok krompir ne omekša.

TRICK

Od ostatka možemo napraviti kremu. Ovo je odlično predjelo.

POTATO SUBA

SASTOJCI

3 velika krompira

1 kg čistih lignji

3 čena belog luka

1 konzerva graška

1 veliki luk

Riblja čorba

Svježi peršun

Maslinovo ulje

sol

OBRADA

Luk, beli luk i peršun narežite na sitno. Sve pržite u tiganju na srednjoj vatri.

Kada povrće porumeni, pojačajte vatru na maksimum i kuhajte sipu narezanu na srednje komade 5 minuta. Prelijte ribu (ili hladnom vodom) i kuhajte dok lignje ne omekša. Posolite, pa dodajte oguljeni i cachelada krompir i grašak.

Smanjite vatru i kuvajte dok krompir ne bude gotov. Posolite i poslužite toplo.

TRICK

Vrlo je važno lignje kuhati na jakoj vatri, inače će biti tvrde i ne baš sočne.

OMLET OD RAKOVA SA BESNIM LUKOM

SASTOJCI

8 jaja

350 g oguljenih škampa

4 čena belog luka

1 Cayenne

Maslinovo ulje

sol

OBRADA

Beli luk narežite na ploške i lagano popržite sa kajenskim biberom. Dodajte škampe, posolite i sklonite sa vatre. Ocijedite škampe, bijeli luk i kajensku papriku.

Dobro zagrejte tiganj sa uljem od belog luka. Umutiti i začiniti jaja. Dodajte škampe i bijeli luk i lagano promiješajte da se premaže.

TRICK

Da se tortilja ne zalijepi za tiganj, dobro je zagrijte prije dodavanja ulja.

PARI KROMPIR SA RAŽNJIĆIMA

SASTOJCI

1 kg krompira

500 g neslanog bakalara

1 l set

2 čena belog luka

1 zelena paprika

1 crvena paprika

1 luk

nasjeckanog svježeg peršuna

Maslinovo ulje

sol

OBRADA

Crni luk, beli luk i papriku narežite na sitno. Dinstajte povrće na laganoj vatri 15 minuta.

Dodati cacheladas krompir (iscepan, nerezan) i pržiti još 5 minuta.

Začinite dimljenom solju i kuvajte dok krompir nije skoro gotov. Zatim dodajte bakalar i peršun i kuhajte 5 minuta. Posolite i poslužite toplo.

TRICK

Prije dimljenja dodajte 1 čašu bijelog vina i par kajenskih paprika.

PIRE KROMPIR

SASTOJCI

400 g krompira

100 g putera

200 ml mlijeka

1 lovorov list

Muškatni oraščić

Posoliti biber

OBRADA

Opran i isečen krompir sa lovorovim listom skuvajte na srednjoj vatri dok ne omekša. Krompir ocijedite i propasirajte kroz gnječicu za krompir.

Prokuhajte mleko sa puterom, muškatnim oraščićem, solju i biberom.

Krompir prelijte mlijekom i umutite šibicom. Ako je potrebno, zamijenite ono što nedostaje.

TRICK

Dodati 100 g rendanog parmezana i umutiti pjenjačom. Rezultat je ukusan.

OATORTILA SA MORCILOM

SASTOJCI

8 jaja

400 g pasulja

150 g krvavice

1 češanj belog luka

1 luk

Maslinovo ulje

sol

OBRADA

Pasulj skuvajte u kipućoj vodi sa malo soli dok ne omekša. Ocijedite i osvježite hladnom vodom i ledom.

Crni i beli luk iseckati na sitne kockice. Pirjajte na laganoj vatri zajedno sa crnim pudingom 10 minuta, pazeći da ne pukne. Dodajte pasulj i kuvajte još 2 minuta.

Umutiti jaje i sol. Dodajte pasulj i zapržite ga na jako zagrijanoj šerpi.

TRICK

Ako želite da napravite još krupnije jelo, skinite ljusku sa pasulja odmah nakon što se ohlade. Ima finiju teksturu.

On ga je spržio

SASTOJCI

8 jaja

100 g klica belog luka

8 kriški prepečenog hleba

8 divljih šparoga

2 čena belog luka

Maslinovo ulje

Posoliti biber

OBRADA

Izbojke bijelog luka i oguljene šparoge narežite na male komadiće. Beli luk narežite na ploške i lagano propržite zajedno sa izbojcima belog luka i šparogama. Sezona.

Dodajte razmućeno jaje uz stalno mešanje dok se malo ne zgusne. Kajgana se servira na prepečenim kriškama hleba

TRICK

Jaja se mogu pripremiti i u posudi na bain-marie-u, na srednjoj vatri, uz stalno mešanje. Imaju kremastu teksturu.

PARENI KROMPIR SA NUSZKALOM

SASTOJCI

6 velikih krompira

500 g lisičarki

1 kafena kašičica slatke paprike

1 češanj belog luka

1 luk

½ zelene paprike

½ crvene paprike

ljuta paprika

Goveđa juha (dovoljno da se prekrije)

OBRADA

Povrće narežite na sitne komade i pržite na laganoj vatri 30 minuta. Dodati cachelada krompir (isjeckan, neizrezan) i pržiti 5 minuta. Dodajte čiste lisičarke narezane na četvrtine bez peteljki.

Pržite 3 minute pa dodajte papriku i prstohvat ljute paprike. Prelijte čorbom i začinite solju (treba da bude malo mekana). Dinstajte na laganoj vatri i posolite.

TRICK

Izvadite nekoliko kuvanih krompira sa malo čorbe, izgnječite ih i ponovo dodajte u varivo da se sos zgusne.

Porcupine OMELET

SASTOJCI

8 jaja

400 g čistog vrganja

150 g škampa

3 čena belog luka

2 kašike maslinovog ulja

Posoliti biber

OBRADA

Beli luk iseckati na sitno i malo propržiti u tiganju na srednjoj vatri.

Vrganje nasjeckajte, pojačajte vatru i dodajte u tiganj sa bijelim lukom. Pecite 3 minute. Dodajte oguljene i začinjene kozice i pržite još 1 minut.

Umutite jaja i posolite. Dodajte vrganje i škampe. Vrlo dobro zagrijte tiganj sa 2 kašike ulja i pomiješajte obje strane tortilje.

TRICK

Kada su svi sastojci pomešani, dodajte kap vrućeg ulja od tartufa. radost

DELIMIČNO JAJE

SASTOJCI

8 jaja

125 g parmezana

8 kriški serano šunke

8 kriški prepečenog hleba

Bešamel sos (pogledajte Čorbe i umaci)

Sirće

Posoliti biber

OBRADA

Jaja skuvajte u dosta kipuće slane vode i sirćeta. Isključite vatru, poklopite šerpu i sačekajte 3-4 minuta. Uklonite i osvježite vodom i ledom. Izvadite kašikom i stavite na papirne ubruse.

Serrano šunku podijelite na 4 kraka. Stavite jaja, prelijte bešamel sosom i pospite naribanim parmezanom. Pecite na roštilju dok sir ne porumeni.

TRICK

Može se napraviti sa dimljenom slaninom, pa čak i sobrasadom.

LJETNI OMLET OD DUNJA I PARADAJZA

SASTOJCI

8 jaja

2 paradajza

1 tikvica

1 luk

Maslinovo ulje

sol

OBRADA

Luk narežite na tanke trakice i pržite na laganoj vatri 10 minuta.

Tikvice i paradajz narežite na kriške i popržite ih na jako zagrejanoj tavi. Kada tikvice porumene, narežite tikvice i paradajz na tanke trakice. Dodajte luk i posolite.

Umutiti jaja i dodati povrću. Podesite sol. Dobro zagrijte tiganj i položite tortilju do pola, dodirujući cijelu površinu tiganja, a zatim je urolajte na sebe.

TRICK

Probajte sa kockicama patlidžana i bešamel sosom.

COD AJOARRIERO

SASTOJCI

400 g usitnjenog neslanog bakalara

2 kašike hidratizirane čorizo paprike

2 kašike paradajz sosa

1 zelena paprika

1 crvena paprika

1 češanj belog luka

1 luk

1 ljuta paprika

Maslinovo ulje

sol

OBRADA

Julienne povrće i dinstajte na srednje laganoj vatri dok ne omekša. Za so.

Dodajte kašiku čorizo paprike, paradajz sosa i čilija. Dodajte zdrobljeni bakalar i kuhajte 2 minute.

TRICK

Savršeno punjenje za ukusnu empanadu.

STEAMED SHERRY POOP

SASTOJCI

750 g lisičarki

600 ml šeri vina

1 lovorov list

1 češanj belog luka

1 limun

2 kašike maslinovog ulja

sol

OBRADA

Isperite lisičarke.

U zagrejan tiganj sipajte 2 kašike ulja i lagano propržite seckani beli luk.

Dodajte dagnje, vino, lovorov list, limun i sol odjednom. Pokrijte i kuhajte dok se ne otvore.

Poslužite dagnje sa sosom.

TRICK

Ispiranje znači potapanje školjki u hladnu vodu sa dosta soli kako biste uklonili pijesak i prljavštinu.

SVE OD I PEBRE MONDFISH SA RAKOVIMA

SASTOJCI

Za riblji fond

15 glava i tijelo škampa

1 glava ili 2 kosti đavolja repa ili bijela riba

Kečap

1 mladi luk

1 praziluk

sol

za gulaš

1 veliki đavolji rep (ili 2 mala)

tijela škampa

1 kašika slatke paprike

8 čena belog luka

4 velika krompira

3 kriške hleba

1 Cayenne

neoljušteni bademi

Maslinovo ulje

Posoliti biber

OBRADA

Za riblji fond

Riblju čorbu pravimo prženjem tijela škampa i paradajz sosa. Dodajte kosti grdobine ili glavu i prženo povrće. Zaliti vodom i kuvati 20 minuta, procediti i posoliti.

za gulaš

U tiganju propržite neiseckan beli luk. Uklonite i rezervišite. Na istom ulju propržiti bademe. Uklonite i rezervišite.

Na istom ulju ispecite hljeb. Povlačenje.

Izgnječite bijeli luk, šaku cijelih neoljuštenih badema, kriške kruha i kajensku papriku u mužaru.

Kada beli luk porumeni, paprike lagano propržite na ulju, pazeći da ne zagore, pa dodajte u čorbu.

Dodajte prženi krompir i kuvajte dok ne omekša. Dodajte začinjenu kocku i kuhajte 3 minute. Dodajte meso i škampe i kuhajte još 2 minute dok se sos ne zgusne. Posolite i poslužite toplo.

TRICK

Koristite dovoljno dima da prekrijete krompir. Najčešća riba za ovaj recept je jegulja, ali se može pripremiti bilo koja mesnata riba kao što je psić ili ugor.

GRATE DRAWING

SASTOJCI

1 orada očišćena, iznutricana i očišćena od kamenca

25 g prezla

2 čena belog luka

1 ljuta paprika

Sirće

Maslinovo ulje

sol

OBRADA

So i ulje deverike iznutra i spolja. Pospite prezlama i pecite na 180 stepeni 25 minuta.

U isto vrijeme na srednjoj vatri zapržite filetirani bijeli luk i čili. Sklonite kap sirćeta sa vatre i ovim sosom premažite deveriku.

TRICK

Dlijetanje znači napraviti rezove po širini ribe kako bi se riba brže ispekla.

CLAMS MARINERA

SASTOJCI

1 kg dagnji

1 mala čaša bijelog vina

1 kašika brašna

2 čena belog luka

1 mali paradajz

1 luk

½ ljute papričice

Boje za hranu ili šafran (opciono)

Maslinovo ulje

sol

OBRADA

Potopite školjke u hladnu vodu sa dosta soli na nekoliko sati da uklonite ostatke zemlje.

Nakon čišćenja skuhajte dagnje u vinu i ¼ l vode. Nakon otvaranja izvadite i čuvajte tečnost.

Crni luk, beli luk i paradajz narežite na sitno i propržite na malo ulja. Dodajte čili i kuvajte dok sve ne omekša.

Dodajte kašiku brašna i kuvajte još 2 minuta. Operite ih vodom od ključanja dagnji. Kuvajte 10 minuta, a zatim posolite. Dodajte školjke i kuhajte još minut. Sada dodajte prehrambenu boju ili šafran.

TRICK

Bijelo vino se može zamijeniti slatkim vinom. Sos je veoma dobar.

KAPITAL SA PILPILOM

SASTOJCI

4 ili 5 neslanih fileta bakalara

4 čena belog luka

1 ljuta paprika

½ litra maslinovog ulja

OBRADA

Na maslinovom ulju na laganoj vatri popržite beli luk i čili. Uklonite ih i ostavite da se ulje malo ohladi.

Dodajte filet bakalara, sa kožom nagore, i kuhajte na laganoj vatri 1 minut. Okrenite i ostavite još 3 minute. Važno je da se kuva na ulju, a ne da se prži.

Izvadite bakalar, postepeno sipajte ulje dok ne ostane samo bijela tvar (želatina) koja se oslobađa iz bakalara.

Nakon skidanja sa vatre, kružnim pokretima umutite sa nekoliko štapića ili filter, postepeno miješajući dekantirano ulje. Stavite zajedno 10 minuta bez prekidanja mešanja.

Kada je gotovo, vratite bakalar i miješajte još minut.

TRICK

Za drugačiji ukus na mesto gde se peče bakalar dodajte kost šunke ili neku aromatičnu biljku.

FONTANA PRETVORENA OD PIVA

SASTOJCI

Čisti inćun bez bodlji

1 limenka veoma hladnog piva

Brašno

Maslinovo ulje

sol

OBRADA

Stavite pivo u činiju i dodajte brašno uz stalno mešanje pjenjačom dok ne dobijete gustu konzistenciju koja jedva da kaplje dok namakate inćune.

Na kraju pržite na dosta ulja i soli.

TRICK

Može se koristiti bilo koja vrsta piva. Odlično se slaže s crnom.

MASTILO U TISTILU

SASTOJCI

1 ½ kg bebi lignje

1 čaša bijelog vina

3 kašike paradajz sosa

4 vrećice mastila za lignje

2 glavice luka

1 crvena paprika

1 zelena paprika

1 lovorov list

Maslinovo ulje

Posoliti biber

OBRADA

Na laganoj vatri propržiti seckani luk i biber. Kada su skuvane, dodajte čiste i sitno seckane bebi lignje. Pojačajte vatru i začinite.

Navlažite ga bijelim vinom i ostavite da postane mlako. Dodajte paradajz sos, vrećicu mastila od lignje i lovorov list. Poklopite i kuhajte na laganoj vatri dok lignje ne omekša.

TRICK

Može se poslužiti uz dobru pastu ili čak čips.

COD CLUB RANERO

SASTOJCI

Bakalar pil-pil

10 zrelih paradajza grožđa

4 čorizo paprike

2 zelene paprike

2 crvene paprike

2 glavice luka

Šećer

sol

OBRADA

Paradajz i papriku kuvati na 180 stepeni dok ne omekšaju.

Kad su paprike pečene, poklopite ih 30 minuta, skinite kožu i narežite na trakice.

Paradajz oguliti i sitno narezati. Poparite ih sa sitno narezanim lukom i pastom od čorizo paprike (prethodno namočene u vrućoj vodi 30 minuta).

Dodajte narezane pečene paprike i kuhajte 5 minuta. Podesite sol i šećer.

Zagrijte pilulu s bakalarom i paprikom.

TRICK

Možete napraviti i čili sa paprikom ili ga koristiti kao podlogu, bakalar na vrhu, sos sa čilijem. To se može uraditi i sa dobrim ratatouilleom.

JABAN SA NARANĐASTOM

SASTOJCI

4 soles

110 g putera

110 ml bujona

1 kašika nasjeckanog svježeg peršuna

1 kašičica paprike

2 velike narandže

1 mali limun

Brašno

Posoliti biber

OBRADA

U šerpi otopite puter. Pobrašnite i začinite đon. Pržite na puteru sa obe strane. Dodajte papriku, sok od narandže i limuna i dimljeno meso.

Kuvajte 2 minuta na srednjoj vatri dok se sos malo ne zgusne. Ukrasite peršunom i odmah poslužite.

TRICK

Ako želite da izvučete više soka iz citrusa, zagrijte ih u mikrovalnoj pećnici 10 sekundi na maksimalnoj snazi.

RIOJANA HAKE

SASTOJCI

4 fileta oslića

100 ml bijelog vina

2 paradajza

1 crvena paprika

1 zelena paprika

1 češanj belog luka

1 luk

Šećer

Maslinovo ulje

Posoliti biber

OBRADA

Luk, biber i beli luk narežite na sitno. Sve pržite u tiganju na srednjoj vatri 20 minuta. Pojačajte vatru, prelijte vinom i ostavite da se osuši.

Dodajte rendani paradajz i kuvajte dok ne nestane sva voda. Dodajte so, biber i šećer ako je kiselo.

Kotlete pecite na roštilju dok izvana ne postanu zlatno smeđe, a iznutra sočni. Dodati povrću.

TRICK

Oslića posolite 15 minuta prije kuhanja da se sol ravnomjernije rasporedi.

COKE KRASTAVAC SA SOSU OD JAGODA

SASTOJCI

4 neslana fileta bakalara

400 g smeđeg šećera

200 g jagoda

2 čena belog luka

1 narandža

Brašno

Maslinovo ulje

OBRADA

Jagode izmiksajte sa sokom od pomorandže i šećerom. Kuvajte 10 minuta i promešajte.

Isjeckajte bijeli luk i propržite ga u tiganju na malo ulja. Uklonite i rezervišite. Na istom ulju popržite bakalar sa brašnom.

Poslužite bakalar sa sosom u posebnoj činiji i na vrh stavite beli luk.

TRICK

Džem od gorke pomorandže možete zamijeniti jagodama. Tada trebate koristiti samo 100 g smeđeg šećera.

MORSKA PASTRVKA

SASTOJCI

4 pastrmke

½ litre bijelog vina

¼ litra sirćeta

1 mali luk

1 velika šargarepa

2 čena belog luka

4 karanfilića

2 lovorova lista

1 grančica timijana

Brašno

¼ litra maslinovog ulja

sol

OBRADA

Sol i brašno pastrmke. Pržite na ulju po 2 minute sa svake strane (treba da bude sirovo iznutra). Uklonite i rezervišite.

Na istoj masti kuvajte prženo povrće 10 minuta.

Kupka sa sirćetom i vinom. Začinite prstohvatom soli, začinskog bilja i začina. Kuvajte na laganoj vatri još 10 minuta.

Dodajte pastrmku, poklopite i kuhajte još 5 minuta. Sklonite sa vatre i poslužite kada se ohladi.

TRICK

Ovaj recept je najbolje konzumirati preko noći. Ostalo ga čini još ukusnijim. Iskoristite ostatke da napravite ukusnu salatu od kiselih pastrmki.

Šivanje u BILBAINE STILU

SASTOJCI

1 2 kg orade

½ litre bijelog vina

2 kašike sirćeta

6 čena belog luka

1 ljuta paprika

2 dl maslinovog ulja

sol

OBRADA

Deveriku isecite, posolite, dodajte malo ulja i pecite na 200°C 20-25 minuta. Kupanje s vinom malo po malo.

Istovremeno na 2 dcl ulja popržite narezani beli luk sa čili papričicom. Navlažite ga sirćetom i sipajte na deveriku.

TRICK

Rezbarenje znači pravljenje rezova u ribi kako bi se olakšalo kuhanje.

SHRIMP SCAMPI

SASTOJCI

250 g škampa

3 čena belog luka, filetirana

1 limun

1 ljuta paprika

10 kašika maslinovog ulja

sol

OBRADA

Oguljene škampe stavite u činiju, obilno posolite i dodajte limunov sok. Uklonite ga.

U tavi propržite filovani beli luk i čili. Dodajte kozice i pržite 1 minut prije nego što promijene boju.

TRICK

Za dodatnu aromu, potopite škampe u sol i limun 15 minuta prije prženja.

CAPACITOR

SASTOJCI

100 g neslanog bakalara u mrvicama

100 g mladog luka

1 kašika svežeg peršuna

1 flaša hladnog piva

Bojanje

Brašno

Maslinovo ulje

Posoliti biber

OBRADA

U činiju stavite bakalar, sitno seckani mladi luk i peršun, pivo, malo prehrambene boje, so i biber.

Mešajte i dodajte jednu kašiku brašna uz stalno mešanje dok ne dobijete malo gusto (ne tekuće) kašasto testo. Ostavite da se hladi 20 minuta.

Pržite na dosta ulja, prelijte kašikom testa. Kada porumene, izvadite ih i stavite na upijajući papir.

TRICK

Ako nema piva, možete i sa sodom.

DOURADO COD

SASTOJCI

400 g neslanog i zdrobljenog bakalara

6 jaja

4 srednja krompira

1 luk

Svježi peršun

Maslinovo ulje

sol

OBRADA

Krompir ogulite i narežite na slamke. Operite ih dobro dok voda ne postane bistra, a zatim ih pržite na dosta vrelog ulja. Začinite solju.

Pržite luk narezan na žilene trakice. Pojačajte vatru, dodajte usitnjeni bakalar i kuhajte dok ne nestane.

U posebnoj posudi umutiti jaja, dodati bakalar, krompir i luk. Lagano zamrznuto u tavi. Posolite i završite sa sjeckanim svježim peršunom.

TRICK

Trebalo bi da se malo podsire da bude sočno. Krompir se ne soli do kraja da ne izgubi hrskavost.

BASKSKI RAK

SASTOJCI

1 rak pauk

500 g paradajza

75 g Serrano šunke

50 g svježih prezli (ili prezli)

25 g putera

1½ čaše rakije

1 kašika peršuna

1/8 crnog luka

½ čena belog luka

Posoliti biber

OBRADA

Skuhajte rak pauk (1 minut na 100 grama) u 2 litre vode i 140 g soli. Ohladite i izvadite meso.

Naseckani luk i beli luk popržite zajedno sa šunkom isečenom na sitne trakice. Dodati rendani paradajz i seckani peršun i kuvati dok se ne dobije suva pulpa.

Dodajte meso pauka, prelijte rakijom i flambirajte. Dodati polovinu mrvica sa vatre i puniti pauka.

Pospite ostatkom mrvica i premažite puterom isečenim na komadiće. Pecite u rerni dok ne porumeni.

TRICK

Može se napraviti i sa dobrim iberijskim čorizom, pa čak i punjenim dimljenim sirom.

Sirće

SASTOJCI

12 inćuna

300 cl vinskog sirćeta

1 češanj belog luka

Seckani peršun

ekstradjevičansko maslinovo ulje

1 kašičica soli

OBRADA

Očišćene inćune stavite na ravan tanjir sa sirćetom razblaženim vodom i solju. Ostavite u frižideru 5 sati.

U međuvremenu na ulju potopite sitno seckani beli luk i peršun.

Izvadite inćune iz sirćeta i premažite ih uljem i belim lukom. Vratite u frižider na još 2 sata.

TRICK

Operite inćune nekoliko puta dok voda ne postane bistra.

OZNAKA IGLA

SASTOJCI

¾ kg neslanog bakalara

1 dcl mlijeka

2 čena belog luka

3 dl maslinovog ulja

sol

OBRADA

Zagrejte ulje sa belim lukom u maloj tavi na srednjoj vatri 5 minuta. Dodajte bakalar i kuhajte na vrlo laganoj vatri još 5 minuta.

Zagrijte mlijeko i stavite ga u čašu za smoothie. Dodajte bakalar bez kože i beli luk. Mutite dok se ne dobije fino testo.

Dodajte ulje ne prekidajući mućenje dok ne dobijete homogeno testo. Začinite solju i gratinirajte u rerni na maksimalnoj snazi.

TRICK

Može se jesti na prepečenom hlebu i preliti sa malo aiolija.

PUDER U ADOBO (BIENMESABE)

SASTOJCI

500 g pas

1 čaša sirćeta

1 ravna kašika mlevenog kima

1 supena kašika slatke paprike

1 supena kašika origana

4 lovorova lista

5 čena belog luka

Brašno

Maslinovo ulje

sol

OBRADA

Stavite prethodno isječenog psa u dublju posudu i očistite ga.

Dodajte šaku soli i kašičicu paprike, kima i origana.

Zgnječite bijeli luk s korom i dodajte u posudu. Lovorove listove izlomiti i dodati i njih. Na kraju dodajte čašu sirćeta i još jednu čašu vode. Ostavite da se odmori preko noći.

Komadi pasa se suše, hlade i prže.

TRICK

Ako je kim svježe samljeven, dodajte samo ¼ žlice. To se može učiniti i sa drugim ribama, kao što su grdobina ili grdobina.

ZAPEĆENI CITRUSI I TUNA

SASTOJCI

800 g tunjevine (ili svježe palamide)

70 ml sirćeta

140 ml vina

1 šargarepa

1 praziluk

1 češanj belog luka

1 narandža

½ limuna

1 lovorov list

70 ml ulja

Sol i papar

OBRADA

Šargarepu, praziluk i beli luk narežite na kolutiće i propržite na malo ulja. Kada povrće omekša, navlažite ga sirćetom i vinom.

Dodajte lovorov list i biber. Posolite i kuvajte još 10 minuta. Dodajte koricu i sok od citrusa i 4 komada tunjevine. Kuvajte još 2 minuta i ostavite da se odmori poklopljeno.

TRICK

Slijedite iste korake da napravite ukusnu marinadu za piletinu. Samo zapržite piletinu prije dodavanja marinade i kuhajte još 15 minuta.

RIVER KIŠE

SASTOJCI

500 g škampa

100 g brašna

½ dl hladnog piva

Bojanje

Maslinovo ulje

sol

OBRADA

Ogulite škampe bez uklanjanja repa.

Pomiješajte brašno, malo prehrambene boje i sol u posudi. Mešajte malo po malo i ne prekidajući kuvanje.

Zgrabite kozice za rep, umočite ih u prethodno tijesto i pržite na dosta ulja. Uklonite kada porumeni i stavite na upijajući papir.

TRICK

Brašnu možete dodati 1 kašičicu karija ili paprike.

TUNINA SA BOSILJKOM

SASTOJCI

125 g tunjevine iz konzerve u ulju

½ litra mlijeka

4 jaja

1 kriška isečenog hleba

1 kašika rendanog parmezana

4 svježa lista bosiljka

Brašno

Maslinovo ulje

Posoliti biber

OBRADA

Pomiješajte tunjevinu sa mlijekom, jajima, narezanim kruhom, parmezanom i bosiljkom. Posolite i pobiberite.

Testo sipajte u posebne kalupe namazane maslacem i pobrašnjene i pecite u rerni zagrejanoj na 170 stepeni 30 minuta.

TRICK

Po ovom receptu možete napraviti i konzervirane školjke ili sardine.

SOLE A LA MENIER

SASTOJCI

6 soles

250 g putera

50 g limunovog soka

2 kašike sitno iseckanog peršuna

Brašno

Posoliti biber

OBRADA

Začinite i pobrašnite đon koji je očišćen od glave i kože. Pržite na srednjoj vatri na rastopljenom puteru sa obe strane, vodeći računa da brašno ne zagori.

Izvadite ribu i dodajte sok od limuna i peršun u tiganj. Kuvajte 3 minuta bez prestanka mešanja. Poslužite ribu na tanjiru sa sosom.

TRICK

Dodajte kapare da začinite recept.

LOSOS SMEĐI SA KAVOM

SASTOJCI

2 fileta lososa

½ litre kave

100 ml kreme

1 šargarepa

1 praziluk

Maslinovo ulje

Posoliti biber

OBRADA

Začinite i popržite losos sa obe strane. Rezervišite ga.

Šargarepu i praziluk narežite na tanke dugačke štapiće. Pržite povrće 2 minute na istom ulju kao i losos. Navlažite cavom i ostavite da se smanji na pola.

Dodajte vrhnje, kuvajte 5 minuta, a zatim dodajte lososa. Kuvajte još 3 minuta, a zatim začinite solju i biberom.

TRICK

Losos možete kuhati na pari 12 minuta i dodati u ovaj sos.

BILBAÍN STYLE SEASS PIQUILTOS

SASTOJCI

4 brancina

1 kašika sirćeta

4 čena belog luka

Piquillo paprike

125 ml maslinovog ulja

Posoliti biber

OBRADA

Odstranite slabine brancina. Začinite solju i biberom i pržite u tiganju na jakoj vatri dok ne porumeni odozgo i sočno iznutra. Izvadite ga i rezervišite.

Isjeckajte bijeli luk i popržite na istom ulju kao i ribu. Navlažite ga sirćetom.

U istom tiganju popržiti papriku.

Poslužite file brancina sa sosom i dodajte papriku.

TRICK

Bilbao sos se može pripremiti unapred; onda sve što treba da uradite je da ponovo zagrejete i poslužite.

KARBALTI U VINAIGRETU

SASTOJCI

1 kg dagnji

1 mala čaša bijelog vina

2 kašike sirćeta

1 mala zelena paprika

1 veliki paradajz

1 mali mladi luk

1 lovorov list

6 kašika maslinovog ulja

sol

OBRADA

Temeljno očistite školjke novim sredstvom za čišćenje.

Stavite dagnje u činiju sa vinom i lovorovim listom. Pokrijte i kuhajte na jakoj temperaturi dok se ne otvore. Rezervišite i odbacite jednu školjku.

Vinegret pripremite tako što ćete seckati paradajz, luk i biber. Začinite sirćetom, uljem i solju. Promiješajte i prelijte preko školjki.

TRICK

Ostavite da odstoji preko noći da ojača ukuse.

MARMITACO

SASTOJCI

300 g tunjevine (ili palamide)

1 l riblje čorbe

1 kašika čorizo paprike

3 velika krompira

1 veća crvena paprika

1 velika zelena paprika

1 luk

Maslinovo ulje

Posoliti biber

OBRADA

Popržite luk i biber narezan na kockice. Dodajte kašiku čorizo paprike i oguljen i narezan krompir. Miješajte 5 minuta.

Pokvasiti ribljim temeljcem i kad počne da ključa posoliti i pobiberiti. Kuvajte na laganoj vatri dok krompir ne porumeni.

Isključite vatru, pa dodajte tunjevinu narezanu na kockice i začinjenu. Ostavite da odstoji 10 minuta prije serviranja.

TRICK

Tunjevina se može zamijeniti lososom. Rezultat je iznenađujući.

SOL MORSKI MJEHURIĆI

SASTOJCI

1 brancin

600 g krupne soli

OBRADA

Kuvamo i čistimo ribu. Na tanjir stavite sloj soli, na njega stavite brancina i prekrijte ostatkom soli.

Peći na 220 stepeni dok se so ne stvrdne i razlomi. To je oko 7 minuta za svakih 100 g ribe.

TRICK

Ribu ne treba kuhati u soli dok ne dobije ljuske, jer krljušti štite meso od visokih temperatura. Posoliti se može začinskim biljem ili dodati bjelanjak.

STEAMED COSTUMES

SASTOJCI

1 kg dagnji

1 dcl bijelog vina

1 lovorov list

OBRADA

Temeljno očistite školjke novim sredstvom za čišćenje.

Stavite školjke, vino i lovorov list u vrući tiganj. Pokrijte i kuhajte na jakoj temperaturi dok se ne otvore. Bacite neotvoreno.

TRICK

Ovo je veoma popularno jelo u Belgiji, uz dobar pomfrit.

ZLO U GALITIJI

SASTOJCI

4 kriške oslića

600 g krompira

1 kašičica paprike

3 čena belog luka

1 srednji luk

1 lovorov list

6 kašika djevičanskog maslinovog ulja

Posoliti biber

OBRADA

Zagrijte vodu u tavi; dodati narezani krompir, luk, so i lovorov list. Kuvajte na laganoj vatri 15 minuta dok sve ne omekša.

Dodajte začinjene kriške oslića i kuhajte još 3 minute. Krompir i oslić ocijedite i sve stavite u glinenu posudu.

U tavi popržite narezani ili nasjeckani bijeli luk; kada porumene, sklonite sa vatre. Dodajte papriku, promiješajte i prelijte ribu sosom. Poslužite brzo sa malo vode za kuhanje.

TRICK

Važno je da ima dovoljno vode da pokrije riblje kriške i krompir.

GET BASKETBALL

SASTOJCI

1 kg oslića

100 g kuvanog graška

100 g crnog luka

100 g dagnji

100 g škampa

1 dcl ribljeg soka

2 kašike peršuna

2 čena belog luka

8 kopalja od šparoga

2 tvrdo kuvana jaja

Brašno

Posoliti biber

OBRADA

Oslića narežite na kriške ili filete. Začinite i pobrašnite.

U tiganju prodinstajte sitno seckani luk i beli luk dok ne omekšaju. Pojačajte vatru, dodajte ribu i lagano zapržite s obje strane.

Navlažite pušač i kuvajte 4 minuta, uz stalno mešanje lonca da se sos zgusne. Dodajte očišćene škampe, šparoge, očišćene dagnje, grašak i jaja izrezana na četvrtine. Kuvajte još 1 minut i pospite seckanim peršunom.

TRICK

Oslića posolite 20 minuta prije kuhanja da se sol ravnomjernije rasporedi.

NOŽEVI SA ČEŠNJIM I LIMUNOM

SASTOJCI

2 tuceta noževa

2 čena belog luka

2 grančice peršuna

1 limun

ekstradjevičansko maslinovo ulje

sol

OBRADA

Stavite školjke u posudu sa hladnom vodom i posolite ih noć prije kako biste ih očistili od ostataka pijeska.

Ocijedite, stavite u šerpu, poklopite i kuhajte na srednjoj vatri dok se ne otvore.

U međuvremenu nasjeckajte češnjak i grančice peršuna i pomiješajte sa limunovim sokom i maslinovim uljem. Umočite školjke u ovaj sos.

TRICK

Ukusni su sa holandez ili bearnaez sosom (str. 532-517).

WAY WAY PUDING

SASTOJCI

500 g škorpiona bez glave

125 ml paradajz sosa

¼ l kreme

6 jaja

1 šargarepa

1 praziluk

1 luk

Mrvice hljeba

Maslinovo ulje

Posoliti biber

OBRADA

Kuhajte škorpione sa čistim i sitno seckanim povrćem 8 minuta. Za so.

Izmrviti meso škorpiona (bez kože i kostiju). Stavite u činiju sa jajima, pavlakom i paradajz sosom. Promiješajte i začinite solju i biberom.

Podmažite formu i pospite prezlama. Napunite prethodnim testom i pecite u rerni zagrejanoj na 175 stepeni 50 minuta ili dok ubod igle ne izađe čist. Poslužite hladno ili toplo.

TRICK

Škorpionu možete zamijeniti bilo kojom drugom ribom

MONDFISH SA MEKAKIM KREMOM OD ČEŠNJAKA

SASTOJCI

4 mala đavolja repa

50 g crnih maslina

400 ml kreme

12 čena belog luka

Posoliti biber

OBRADA

Skuvajte beli luk u hladnoj vodi. Kada počnu da ključa, izvadite ih i izlijte vodu. Ponovite istu radnju 3 puta.

Zatim kuvajte u koru od belog luka na laganoj vatri 30 minuta.

Osušite masline bez koštica u mikrotalasnoj. Provucite ih kroz tanjir i tučak dok ne dobijete maslinov prah.

Začinite i kuhajte đavoljicu na jakoj vatri dok ne postane sočna izvana i zlatno smeđa iznutra.

Začinite sos. Poslužite grdobinu s jedne strane sa sosom i maslinama u prahu.

TRICK

Okus ovog sosa je mekan i ukusan. Ako je jako tekuće, kuhajte još nekoliko minuta. Ako je, naprotiv, jako gust, dodajte malo vruće tečne pavlake i promešajte.

KOMPOT OD JABUKE OSLIČ U JABUČARU SA MENTOM

SASTOJCI

4 oslić

1 boca jabukovače

4 kašike šećera

8 listova mente

4 jabuke

1 limun

Brašno

Maslinovo ulje

Posoliti biber

OBRADA

Oslića i brašna začiniti i pržiti na malo zagrejanog ulja. Izvadite ga i stavite na lim za pečenje.

Ogulite jabuku, narežite je na tanke ploške i stavite u tepsiju. Okupati u jabukovači i peći 15 minuta na 165ºC.

Ogulite jabuke i uklonite sos. Pomiješajte sa šećerom i listićima mente.

Poslužite ribu sa kompotom.

TRICK

Druga verzija istog recepta. Pobrašnite i ispecite oslić, pa ga stavite u šerpu sa jabukama i jabukovačem. Kuvajte na laganoj vatri 6 minuta. Uklonite oslić i ostavite da se sos kuva. Zatim pomiješajte sa mentom i šećerom.

Marinirani losos

SASTOJCI

1 kg fileta lososa

500 g šećera

4 kašike seckanog kopra

500 g krupne soli

Maslinovo ulje

OBRADA

Pomiješajte sol sa šećerom i koprom u posudi. Polovinu stavite na dno pleha. Dodajte losos i prekrijte drugom polovinom smjese.

Ostavite u frižideru 12 sati. Izvadite i isperite hladnom vodom. Filovati i premazati uljem.

TRICK

Sol možete začiniti bilo kojim biljem ili začinima (đumbir, karanfilić, kari, itd.).

PIŠTAN PLAVI SIR

SASTOJCI

4 pastrmke

75 g plavog sira

75 g putera

40 cl tečne kreme

1 mala čaša bijelog vina

Brašno

Maslinovo ulje

Posoliti biber

OBRADA

Zagrejte puter u tiganju sa kapljicom ulja. Pržite u brašnom posoljenu pastrmku po 5 minuta sa obe strane. Rezervišite ga.

U masnoću preostalu od prženja ulijte vino i sir. Kuhajte dok vino skoro nestane i sir se potpuno otopi.

Dodajte gustu pavlaku i kuvajte dok ne postignete željenu gustinu. Posolite i pobiberite. Pastrmka sa sosom.

TRICK

Napravite slatko-kiseli umak od plavog sira tako što ćete koricu zamijeniti svježim sokom od pomorandže.

TATAKI OD TUNE OD SOJE

SASTOJCI

1 lungić tunjevine (ili lososa)

1 čaša soje

1 čaša sirćeta

2 pune kašike šećera

Kora 1 male pomorandže

Bijeli luk

tostirani susam

Ginger

OBRADA

Tunjevinu dobro očistite i narežite na kockice. Lagano pržite sa svih strana na jako vrućoj šerpi i odmah ohladite u ledenoj vodi da završi kuvanje.

Pomiješajte soju, sirće, šećer, koru pomorandže, đumbir i bijeli luk u posudi. Dodajte ribu i marinirajte najmanje 3 sata.

Pospite susamom, narežite na male kriške i poslužite.

TRICK

Da biste izbjegli anisaki, ovaj recept morate pripremiti unaprijed sa smrznutom ribom.

IMAJ TORTU

SASTOJCI

1 kg oslića

1 litar kreme

1 veliki luk

1 čašica rakije

8 jaja

Pečeni paradajz

Maslinovo ulje

Posoliti biber

OBRADA

Luk narežite na žilene trakice i propržite u tiganju. Kada omekša, dodajte oslić. Pecite dok ne budu gotovi i mrvičasti.

Zatim pojačajte vatru i sipajte još rakije. Ostavite da se ohladi i dodajte malo paradajza.

Maknite sa vatre i dodajte jaja i vrhnje. Sve nasjeckajte. Začinite po ukusu i obliku. Pecite u rerni zagrejanoj na 165 stepeni najmanje 1 sat ili dok umetnuti ražanj ne izađe čist.

TRICK

Poslužite uz roze ili tartar sos. Može se napraviti od bilo koje bijele ribe bez kostiju.

PUNJENA PAPIRKA NA GLAVNI KOMAD

SASTOJCI

250 g neslanog bakalara

100 g škampa

2 kašike pečenog paradajza

2 kašike putera

2 kašike brašna

1 konzerva piquillo paprike

2 čena belog luka

1 luk

Brand

Maslinovo ulje

Posoliti biber

OBRADA

Bakalar prelijte vodom i kuhajte 5 minuta. Uklonite i sačuvajte vodu za kuhanje.

Popržite luk i nasjeckane češnjeve bijelog luka. Ogulite škampe i dodajte ljuske u tiganj sa lukom. Dobro pržite. Pojačajte vatru i dodajte malo rakije i pečenog paradajza. Bakalar operite kipućom vodom i kuvajte 25 minuta. Promiješajte i filtrirajte.

Ispržite seckane kozice i ostavite sa strane.

Brašno dinstati na puteru oko 5 minuta, dodati proceđenu čorbu i kuvati još 10 minuta uz mućenje.

Dodajte zdrobljeni bakalar i škampe kuhane na pari. Začinite solju i biberom i ostavite da se ohladi.

Napunite paprike prethodnim testom i poslužite.

TRICK

Idealan sos za ove paprike je biskajski (pogledajte Broths and Soss).

TRACKS

SASTOJCI

1 kg cijele lignje

150 g pšeničnog brašna

50 g brašna od slanutka

Maslinovo ulje

sol

OBRADA

Lignje dobro očistite, uklonite vanjsku ljusku i dobro očistite unutrašnjost. Narežite ih na tanke trake po dužini, a ne po širini. Za so.

Pomiješajte pšenično brašno i brašno od slanutka, zatim lignje sa mješavinom brašna.

Dobro zagrijte ulje i pržite kolutiće sipe malo po malo dok ne porumene. Poslužite odmah.

TRICK

Lignje se posole 15 minuta prije i prže na jako zagrijanom ulju.

PAVIA SOLDIERS

SASTOJCI

500 g neslanog bakalara

1 kašika origana

1 kašika mlevenog kima

1 kašika prehrambene boje

1 kašika paprike

1 čaša sirćeta

2 čena belog luka

1 lovorov list

Brašno

vrelo ulje

sol

OBRADA

Pomiješajte origano, kim, papriku, protisnuti bijeli luk, sirće i još jednu čašu vode u posudi, a zatim začinite prstohvatom soli. Bakalar bez soli, isečen na trake, marinirajte 24 sata.

Pomiješajte boju za hranu i brašno. Trake bakalara pospite brašnom, ocijedite i pržite na dosta vrelog ulja.

TRICK

Poslužite odmah da unutrašnjost bude sočna, a spolja hrskava.

RACHELLA

SASTOJCI

125 g sirovih škampa

75 g pšeničnog brašna

50 g brašna od slanutka

5 niti šafrana (ili boje)

¼ mladog luka

Svježi peršun

ekstradjevičansko maslinovo ulje

sol

OBRADA

Šafran umotajte u aluminijumsku foliju i pecite u rerni nekoliko sekundi.

U činiji pomešati brašno, so, šafran u prahu, seckani mladi luk, seckani peršun, 125 ml veoma hladne vode i kozice.

Na dosta ulja pržite kašike razmotanog tijesta. Ostavite dok dobro ne porumene.

TRICK

Miješajte tijesto kašikom dok ne dobije konzistenciju poput jogurta.

TROUT NAVARRA

SASTOJCI

4 pastrmke

8 kriški serano šunke

Brašno

Maslinovo ulje

sol

OBRADA

Dodajte 2 kriške Serrano šunke u svaku očišćenu i očišćenu pastrmku. Začinite brašnom i solju.

Pržite na dosta ulja i uklonite višak masnoće na upijajućem papiru.

TRICK

Temperatura ulja treba da bude umjereno visoka da ne zagori samo izvana i da toplina ne dopre do centra ribe.

LOSOS SA KONOM AVOKADA

SASTOJCI

500 g lososa bez kostiju i kože

6 kapara

4 paradajza

3 kisela krastavca

2 avokada

1 mladi luk

Sok od 2 limuna

Tabasco

Maslinovo ulje

sol

OBRADA

Paradajz oguliti i očistiti od jezgre. Ocijedite avokado. Sve sastojke nasjeckajte što sitnije i pomiješajte u posudi.

Začinite limunovim sokom, nekoliko kapi tabaska, maslinovim uljem i solju.

TRICK

To se može učiniti s dimljenim lososom ili sličnom ribom poput pastrmke.

GALICIJA Jakobove kapice

SASTOJCI

8 granata

125 g crnog luka

125 g Serrano šunke

80 g prezla

1 kašika svežeg peršuna

½ kašičice slatke paprike

1 tvrdo kuvano jaje, iseckano

OBRADA

Luk narežite na sitno i dinstajte na laganoj vatri 10 minuta. Dodajte šunku narezanu na kockice i pržite još 2 minute. Dodajte papriku i kuvajte još 10 sekundi. Izvadite ga i ostavite da se ohladi.

Kada se ohladi, stavite u činiju i dodajte prezle, seckani peršun i jaje. Meša se.

Jakobove kapice napunite prethodnom smesom, stavite na tanjir i pecite na 170 stepeni 15 minuta.

TRICK

Da uštedite vrijeme, pripremite ih i skuhajte na dan kada su vam potrebni. Može se napraviti od jakobnih kapica, pa čak i od kamenica.

www.ingramcontent.com/pod-product-compliance
Lightning Source LLC
Chambersburg PA
CBHW050350120526
44590CB00015B/1638